W9-AFW-889

Origami

Una introducción paso a paso al arte de doblar papel

Ediciones MAAN, S.A. de C.V.,
Nicolás San Juan 1043,
03100, México, D.F.

1a. edición, mayo 2013.

Origami. A step-by-step introduction to the art of paper folding
Copyright © 2012 Arcturus Publishing Limited
26/27 Bickels Yard, 151-153 Bermondsey Street,
London SE1 3HA

© 2013, Ediciones MAAN, S.A. de C.V.
Nicolás San Juan 1043, Col. Del Valle
03100 México, D.F.
Tels. 5575-6615, 5575-8701 y 5575-0186
Fax. 5575-6695
ISBN-13: 978-607-720-058-1

© Traducción: Ivonne Alcocer Álvarez
© Formación tipográfica: Francisco Miguel M.
© Diseño de Portada: Karla Silva
Supervisor de producción: Leonardo Figueroa

Miembro de la Cámara Nacional
de la Industria Editorial No 3647

Derechos reservados conforme a la ley.
Ninguna parte de esta publicación podrá ser reproducida
o transmitida en cualquier forma, o por cualquier medio electrónico o mecánico, incluyendo
fotocopiado, cassette, etc., sin autorización por escrito
del editor titular del Copyright.

Este libro se publicó conforme al contrato establecido entre
Arcturus Publishing Limited y *Ediciones MAAN, S.A. de C.V.*

Impreso en China - *Printed in China*

CONTENIDO

Introducción

El origami ha sido muy popular en Japón desde hace cientos de años y ahora es amado en todas partes del mundo. Puedes hacer grandes modelos con una sola hoja de papel ¡y este libro te muestra cómo!

El papel que se usa en origami es delgado pero resistente, de aquí que se pueda doblar muchas veces. Normalmente tiene color de un lado. De manera alternativa puedes usar un pedazo de papel cualquiera, pero asegúrate que no sea muy grueso.

Las figuras de origami normalmente comparten los mismos dobleces y diseños básicos, conocidos como "bases". Esta introducción te explica algunos de los dobleces y bases que vas a necesitar para los proyectos de este libro. Cuando hagas las figuras, sigue los símbolos de aquí abajo para que sepas qué quieren decir las flechas y las líneas. ¡Y siempre haz bien los dobleces!

SÍMBOLOS

Doblez de valle — — — — — — — — — — — — — —

Doblez de montaña ·······························

Doblez escalonado (doblez de montaña y doblez de valle, uno despues del otro)

Dirección en que se mueve el papel

Dirección para empujar o jalar

DOBLEZ DE MONTAÑA

Para hacer un doblez de montaña, dobla el papel de tal forma que el doblez quede apuntando a ti, como una montaña.

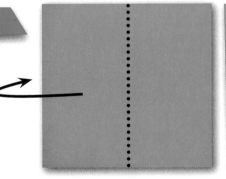

DOBLEZ DE VALLE

Para hacer un doblez de valle, dobla el papel hacia el otro lado, de tal forma que el doblez quede apuntando hacia abajo, como un valle.

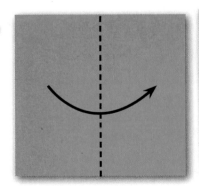

DOBLEZ HACIA DENTRO INVERTIDO

Cualquier doblez hacia dentro invertido es útil si quieres hacer una nariz o una cola, o si quieres aplanar la forma de otra parte de tu figura.

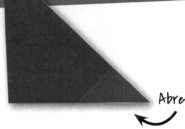
Abre

1 Primero practica doblando un pedazo de papel a la mitad en diagonal. Haz un doblez de valle en una de las esquinas y marca bien el pliegue.

2 Es importante que te asegures de que el pliegue quedó bien marcado. Pasa tu dedo por el doblez dos o tres veces.

3 Desdobla y abre la esquina ligeramente. Vuelve a doblar el pliegue con un doblez de montaña.

4 Abre el papel un poco más y luego dobla la punta hacia dentro. Cierra el papel. Esta es la vista de la parte de abajo del papel.

5 Aplana el papel. Ahora tienes un doblez hacia dentro invertido.

DOBLEZ HACIA FUERA INVERTIDO

Los dobleces hacia fuera invertidos son útiles si quieres hacer una cabeza, pico, pata o cualquier otra parte de tu figura que sobresalga.

1 Primero practica doblando un pedazo de papel a la mitad en diagonal. Haz un doblez de valle en una de las esquinas y marca bien el pliegue.

2 Es importante que te asegures de que el pliegue quedó bien marcado. Pasa tu dedo por el doblez dos o tres veces.

3 Desdobla y abre la esquina ligeramente. Vuelve a doblar el pliegue con un doblez de montaña.

Abre

4 Abre el papel un poco más y comienza a doblar la esquina hacia afuera. Luego cierra el papel cuando el doblez comience a voltearse.

5 Ahora tienes un doblez hacia fuera invertido. Puedes aplanar el papel o dejarlo elevado.

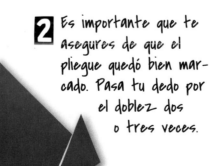

BASE COMETA

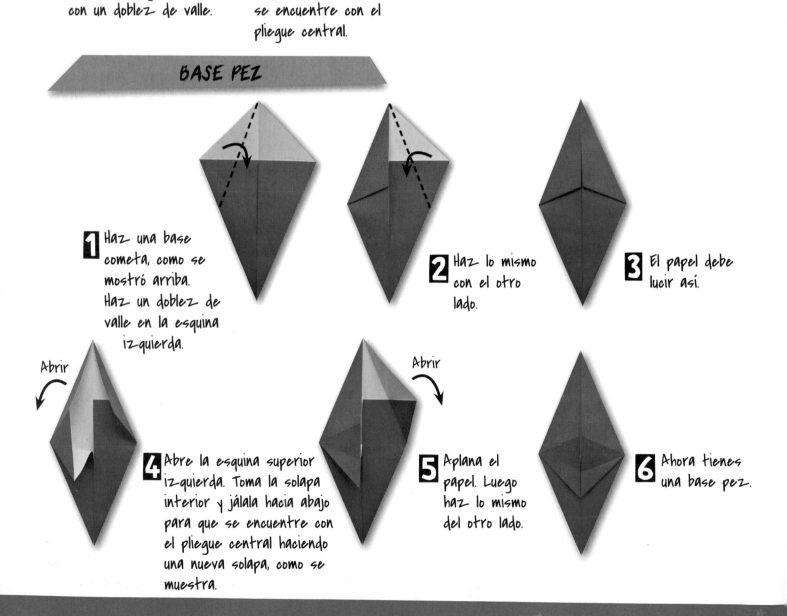

1 Comienza con una punta viendo hacia ti. Dóblalo a la mitad diagonalmente con un doblez de valle.

2 Haz un doblez de valle en la sección izquierda para que se encuentre con el pliegue central.

3 Haz lo mismo con el otro lado.

4 Ahora tienes una base cometa.

BASE PEZ

1 Haz una base cometa, como se mostró arriba. Haz un doblez de valle en la esquina izquierda.

2 Haz lo mismo con el otro lado.

3 El papel debe lucir así.

Abrir

4 Abre la esquina superior izquierda. Toma la solapa interior y jálala hacia abajo para que se encuentre con el pliegue central haciendo una nueva solapa, como se muestra.

Abrir

5 Aplana el papel. Luego haz lo mismo del otro lado.

6 Ahora tienes una base pez.

1 Comienza con un papel cuadrado y con una punta viendo hacia ti. Haz dos dobleces de valle diagonalmente.

2 Ahora el papel debe lucir así. Dale la vuelta.

3 Haz dos dobleces de valle horizontal y verticalmente.

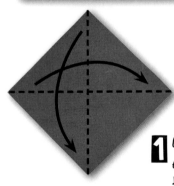

Empujar ▶ ◀ Empujar

4 Empuja el papel de esta forma para que el centro salte hacia afuera.

5 Empuja los lados hacia dentro, de tal forma que la parte de atrás y la de adelante se junten.

6 Aplasta el papel. Ahora tienes una base bomba de agua.

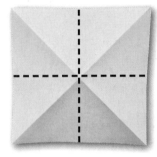

1 Comienza con una esquina viendo hacia ti. Haz un doblez de valle en diagonal de los dos lados.

2 El papel debe lucir así. Ahora dale la vuelta.

3 Haz un doblez de valle horizontal y verticalmente.

Empujar ◀ ▶ Empujar

4 El papel debe lucir así.

5 Sostén el papel de las esquinas diagonalmente opuestas. Empuja las dos esquinas para que se junten y así la figura comienza a colapsarse.

6 Aplana la parte superior del papel formando un cuadrado. Ahora tienes una base cuadrado.

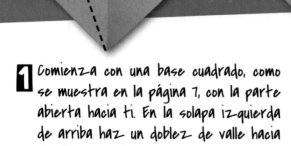

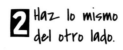

1 Comienza con una base cuadrado, como se muestra en la página 7, con la parte abierta hacia ti. En la solapa izquierda de arriba haz un doblez de valle hacia el pliegue central.

2 Haz lo mismo del otro lado.

3 En el triángulo superior haz un doblez de valle.

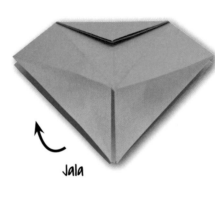

Jala

4 Desdobla la parte superior y los lados y tendrás la figura que se muestra aquí.

5 Toma la esquina de abajo y comienza a abrirla suavemente hacia arriba, hacia la solapa.

6 El papel se debe abrir como el pico de un pájaro. Levanta la solapa lo más que se pueda.

7 Aplana el papel para que obtengas esta forma. Voltea el papel.

8 Ahora el papel debe lucir así. Repite desde el paso 1 hasta el 7 en este lado.

9 Ahora tienes una base pájaro. Las dos solapas de la parte inferior están separadas por una ligera abertura.

Criaturas marinas

En este capítulo vas a descubrir cómo hacer maravillosas criaturas marinas con origami; desde un veloz delfín hasta una peligrosa raya ¡con un aguijón en su cola!

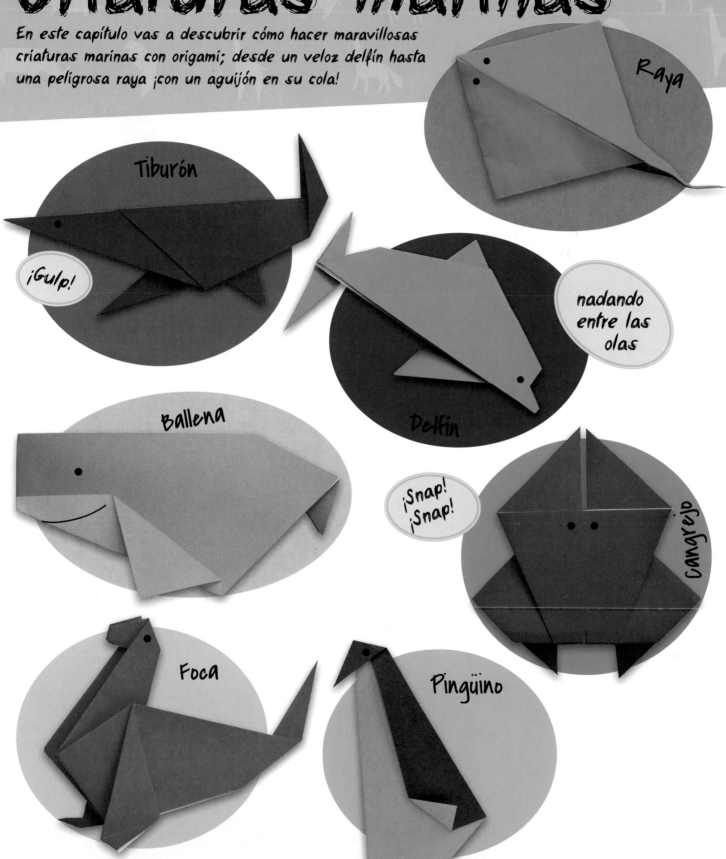

Pingüino

El pingüino es un gran nadador pero se contonea en la tierra. Así que no te preocupes si tu figura de origami se contonea un poco: ¡sólo lo hace más realista!

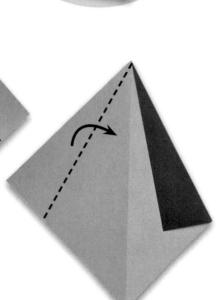

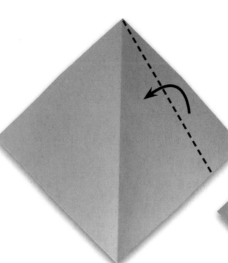

1 Coloca el papel con una esquina hacia ti. Dóblalo a la mitad con un doblez de valle de izquierda a derecha.

2 Ábrelo. Voltea el papel para que quede como un doblez de montaña. En la esquina derecha haz un doblez de valle.

3 Haz lo mismo del otro lado.

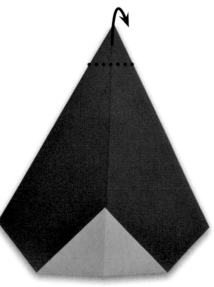

4 El papel debe lucir así.

5 Voltea el papel y haz un doblez de valle en la parte inferior.

6 Haz un doblez de montaña en la parte superior.

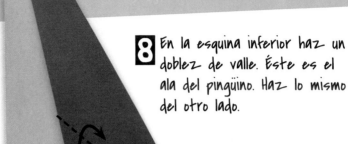

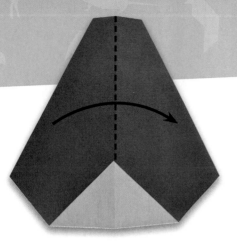

8 En la esquina inferior haz un doblez de valle. Éste es el ala del pingüino. Haz lo mismo del otro lado.

7 Dobla el papel a la mitad con un doblez de valle, de izquierda a derecha.

10 ¡Levanta la figura y tienes un perfecto y simpático pingüino de origami!

Jala

9 Ahora jala hacia arriba el pico.

Ballena

La ballena azul es el animal más grande que jamás haya existido. Puede llegar a medir hasta 30 metros de largo: ¡eso es más o menos 200 veces más grande que tu figura de origami!

1 Comienza con el lado de color viendo hacia abajo y con una esquina apuntando hacia ti. Dóblalo a la mitad con un doblez de valle de abajo hacia arriba.

2 Abre el papel. Voltéalo y quedará como doblez de montaña. Dobla hacia abajo la esquina superior.

3 Repite del otro lado.

4 Dobla hacia atrás la punta de la esquina superior.

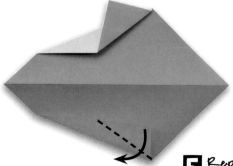

5 Repite del otro lado.

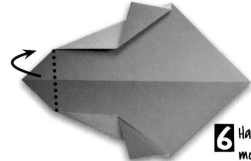

6 Haz un doblez de montaña en el lado izquierdo del papel.

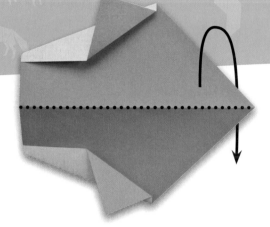

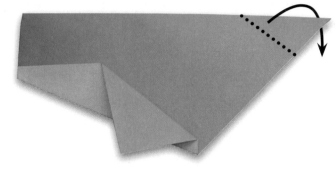

7 Haz un doblez de montaña a la mitad del papel en el pliegue central de modo que la parte de arriba se doble hacia abajo.

8 Haz un doblez de montaña en la esquina derecha. Desdobla, luego haz un doblez hacia dentro invertido para crear la cola.

9 Ahora dibújale una cara sonriente, ¡y tienes una ballena de origami!

Foca

La foca es torpe en la tierra y usa sus aletas para avanzar. En el mar, sin embargo, se desliza por el agua girando y haciendo marometas.

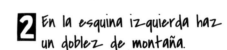

EMPIEZA CON UNA BASE PEZ

1 Busca cómo hacer una base pez en la página 6. Con las solapas apuntando a la derecha, dóblala a la mitad para que la parte inferior quede debajo de la sección superior.

2 En la esquina izquierda haz un doblez de montaña.

3 Desdobla, luego haz un doblez hacia dentro invertido para crear el cuello de la foca.

4 Desde arriba debes poder ver dentro del doblez hacia dentro invertido, como se muestra aquí.

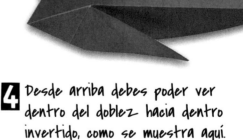

5 En la punta superior haz un doblez de montaña.

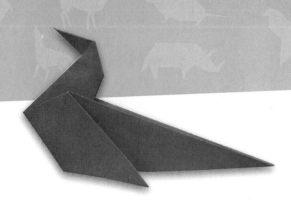

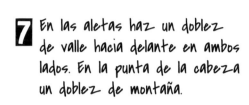

Acercamiento
de la cabeza

6 Desdobla, luego haz un doblez hacia dentro invertido para crear la cabeza de la foca.

7 En las aletas haz un doblez de valle hacia delante en ambos lados. En la punta de la cabeza un doblez de montaña.

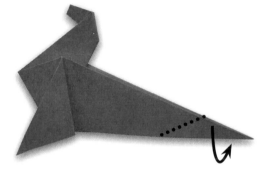

9 Desdobla, luego haz un doblez hacia dentro invertido para crear la cola. En una de las aletas haz un doblez de valle en la punta de la solapa.

8 Desdobla, luego haz un pliegue en la nariz de la foca para achatarla. En la punta derecha haz un doblez de montaña.

11 Ahora tu foca de origami se sostiene ¡y está lista para aplaudir con sus aletas!

10 Haz un doblez de valle en la orilla de la otra aleta.

Delfín

*Se dice que los delfines dan buena suerte a los marineros.
¡A lo mejor esta versión de origami hará lo mismo contigo!*

COMIENZA CON UNA BASE BOMBA DE AGUA

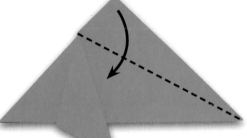

1 Busca cómo hacer una base bomba de agua en la página 7. En la solapa superior izquierda haz un doblez de valle.

2 En la sección superior derecha haz un doblez de valle, como se muestra.

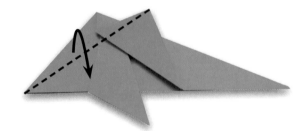

3 En la solapa superior derecha haz un doblez de valle. Esto formará la aleta superior del delfín.

4 En el lado izquierdo del papel haz un doblez de valle que cruce los otros pliegues para formar una esquina afilada. Ésta es la nariz.

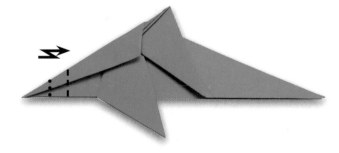

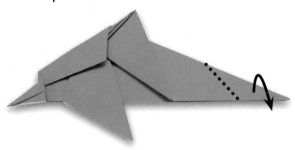

5 Haz un doblez escalonado en la nariz con dos pliegues, primero uno de valle y luego uno de montaña. ¡Esto la vuelve extra afilada!

6 En la esquina derecha haz un doblez de montaña para que apunte hacia abajo. Ésta es la cola.

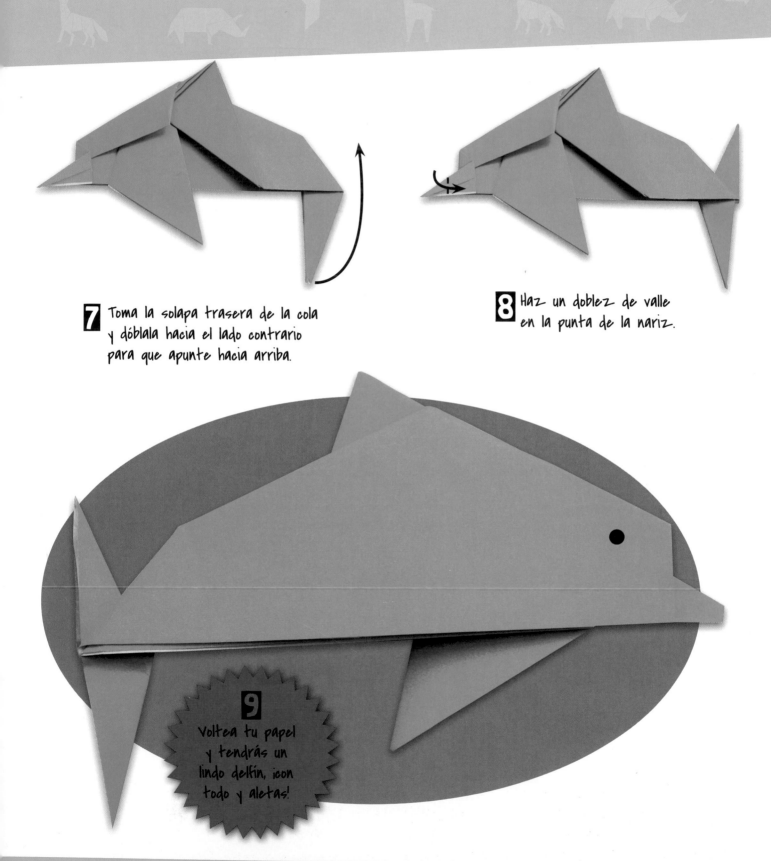

7 Toma la solapa trasera de la cola y dóblala hacia el lado contrario para que apunte hacia arriba.

8 Haz un doblez de valle en la punta de la nariz.

9 Voltea tu papel y tendrás un lindo delfín, ¡con todo y aletas!

Cangrejo

Un cangrejo tiene 8 patas, dos grandes tenazas ¡y camina de lado!
Checa las tenazas en esta sencilla figura de origami...

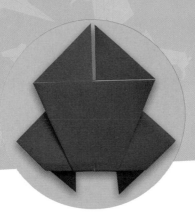

COMIENZA CON UNA BASE BOMBA DE AGUA

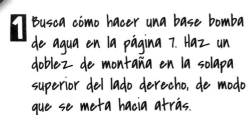

1 Busca cómo hacer una base bomba de agua en la página 7. Haz un doblez de montaña en la solapa superior del lado derecho, de modo que se meta hacia atrás.

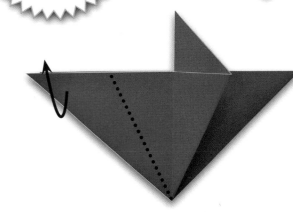

2 Repite del otro lado.

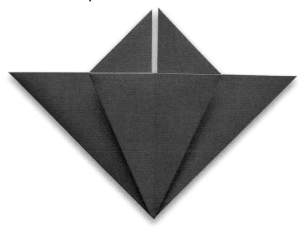

3 Ahora deberás tener esta forma. Asegúrate de que las dos puntas superiores estén alineadas con el centro.

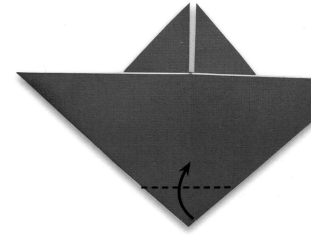

4 Voltea el papel. En la esquina de abajo haz un doblez de valle.

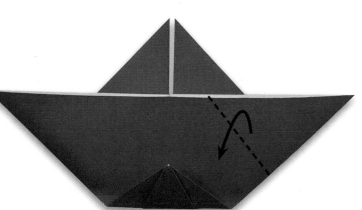

5 En la esquina derecha haz un doblez de valle.

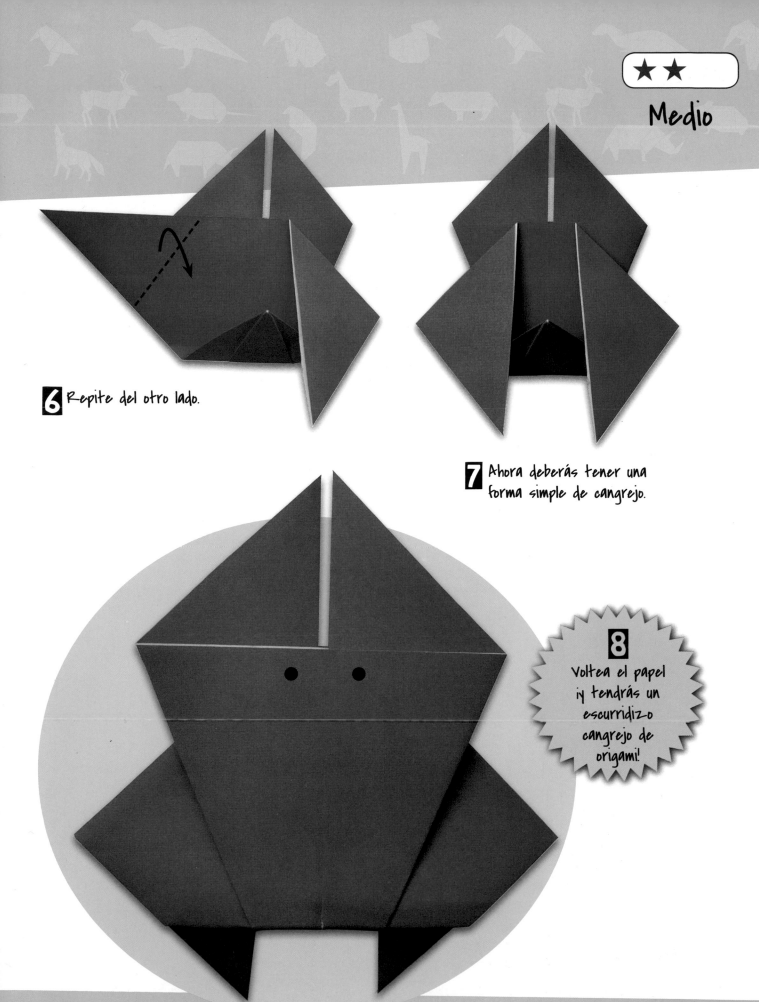

6 Repite del otro lado.

7 Ahora deberás tener una forma simple de cangrejo.

8 Voltea el papel ¡y tendrás un escurridizo cangrejo de origami!

Tiburón

El tiburón se desliza por el agua en busca de su presa.
Este peligroso y acechador tiburón de origami tiene la boca
completamente abierta... lista para morder.

COMIENZA CON UNA BASE PÁJARO.

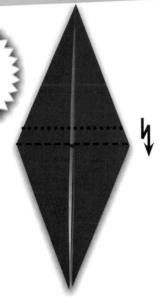

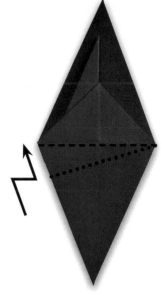

1 Busca cómo hacer una base pájaro en la pág. 8. La apertura tiene que estar hacia abajo. Toma la solapa de arriba y haz dos pliegues como se muestra.

2 Toma la solapa derecha de la capa de arriba y haz un doblez de valle sobre el pliegue central.

3 Toma la punta inferior y haz un doblez de valle hacia arriba a lo largo del pliegue central, luego haz un doblez de montaña hacia abajo para hacer otro pliegue escalonado.

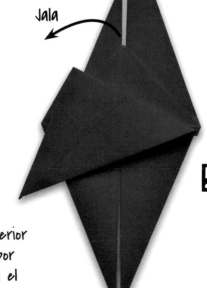

Jala

4 Toma la solapa de la capa inferior del lado izquierdo y métela por abajo del lado derecho. Aplana el papel.

5 Ahora deberás tener dos puntas en la parte de arriba y una abajo. Toma la punta de arriba del lado izquierdo y jálala hacia abajo a la posición que se muestra en el paso 6.

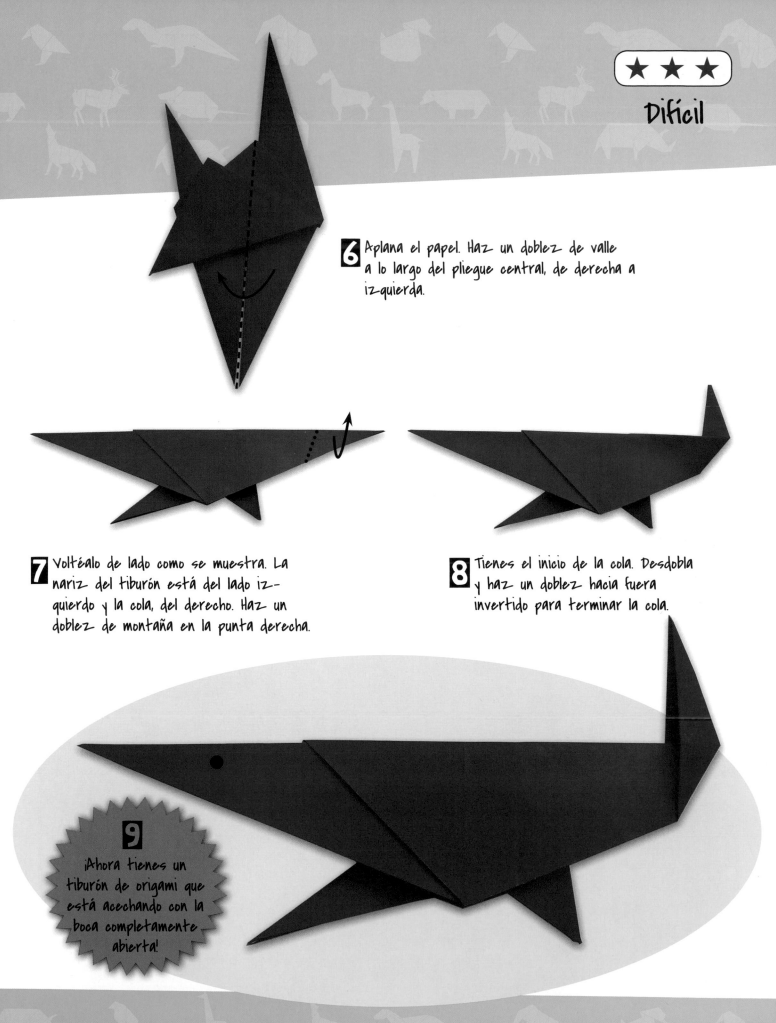

6 Aplana el papel. Haz un doblez de valle a lo largo del pliegue central, de derecha a izquierda.

7 Voltéalo de lado como se muestra. La nariz del tiburón está del lado izquierdo y la cola, del derecho. Haz un doblez de montaña en la punta derecha.

8 Tienes el inicio de la cola. Desdobla y haz un doblez hacia fuera invertido para terminar la cola.

9 ¡Ahora tienes un tiburón de origami que está acechando con la boca completamente abierta!

Raya

Las rayas tienen un cuerpo plano para poder deslizarse fácilmente por el agua. ¡Cuidado con su cola afilada que te puede dar choques eléctricos!

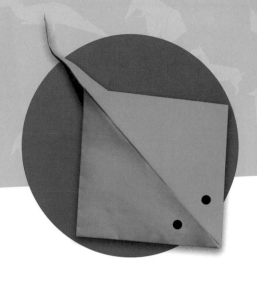

COMIENZA CON UNA BASE CUADRADO

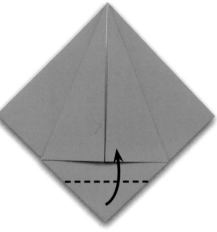

1 Busca cómo hacer una base cuadrado en la página 7. Con las orillas abiertas arriba, dobla hacia dentro la solapa de arriba sobre la parte superior derecha del papel.

2 Repite del otro lado.

3 En el triángulo inferior haz un doblez de valle hacia arriba.

4 Abre los dobleces que hiciste en los pasos 1-3.

5 El papel debe lucir así cuando lo abras.

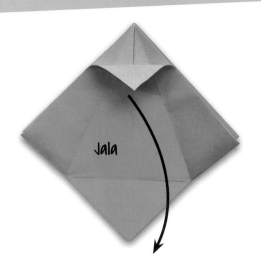

Jala

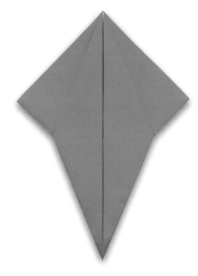

6 Suavemente jala la solapa de arriba hacia ti para abrir el centro del papel.

7 Jálalo hasta que parezca el pico abierto de un pájaro.

8 Ahora aplana el papel para que se vea así.

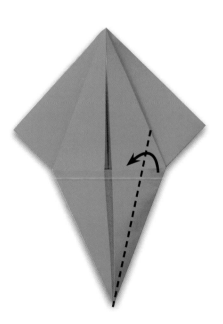

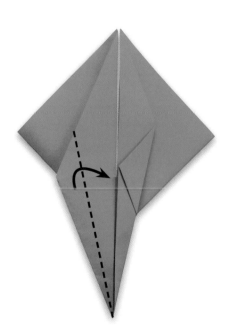

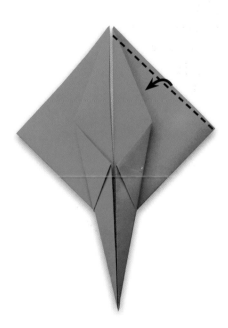

9 Haz un doblez de valle en el lado derecho del papel para que llegue al pliegue central.

10 Repite del otro lado.

11 Haz un doblez de valle en la orilla derecha del papel.

23

Raya... continúa

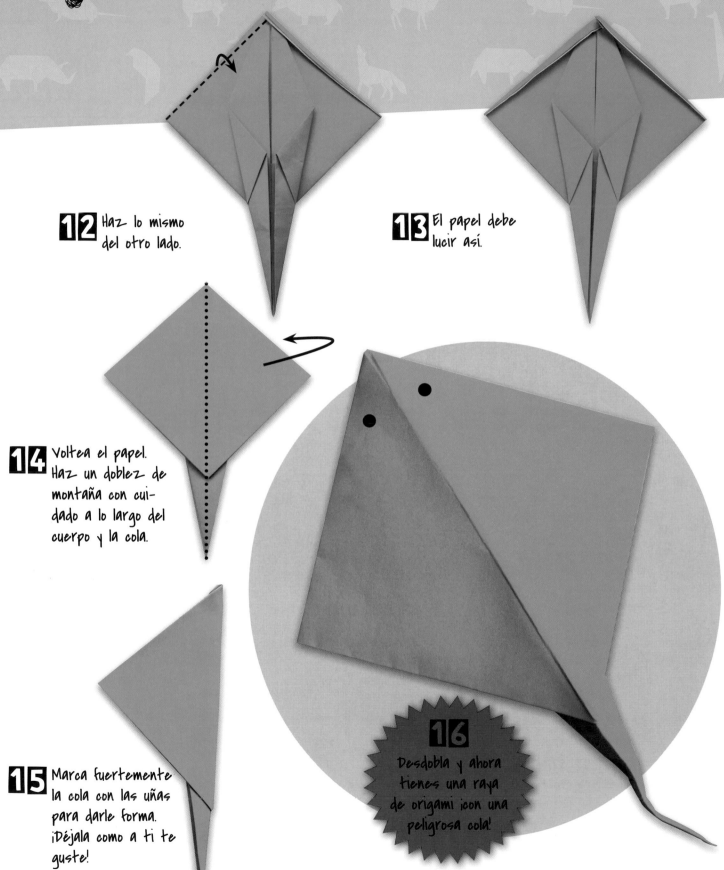

12 Haz lo mismo del otro lado.

13 El papel debe lucir así.

14 Voltea el papel. Haz un doblez de montaña con cuidado a lo largo del cuerpo y la cola.

15 Marca fuertemente la cola con las uñas para darle forma. ¡Déjala como a ti te guste!

16 Desdobla y ahora tienes una raya de origami icon una peligrosa cola!

Animales de granja

¡Crea tu propia granja! Estarás muy ocupado haciendo estos lindos animales: ¡desde un tierno cerdito hasta un gallito con una hermosa cola!

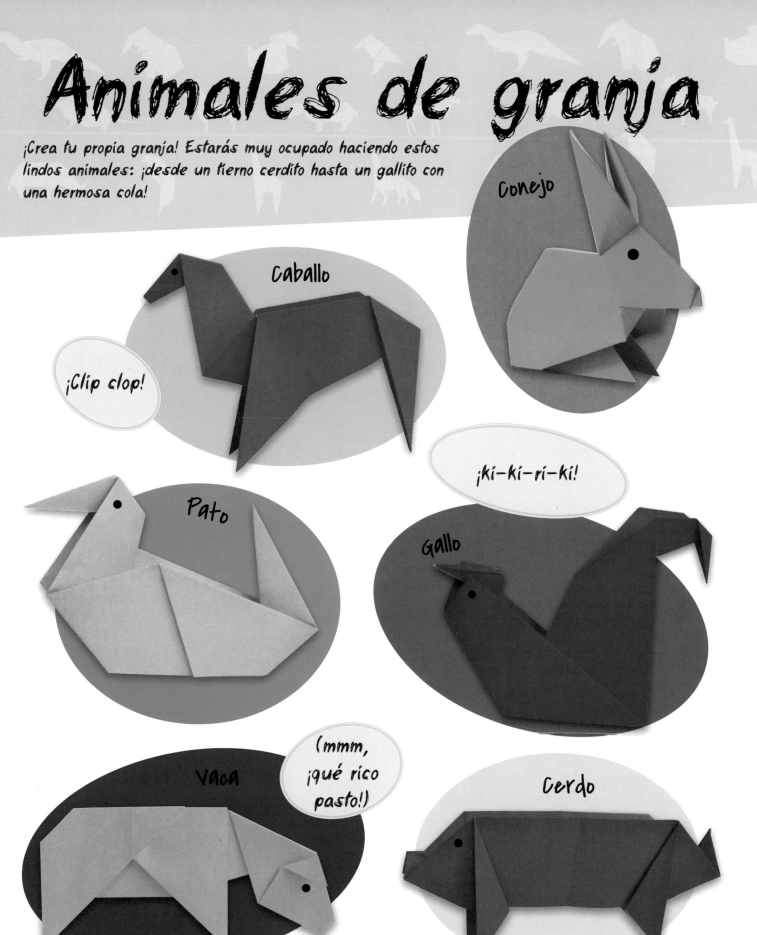

Cerdo

Este lindo cerdito de origami se para en sus cuatro patas.

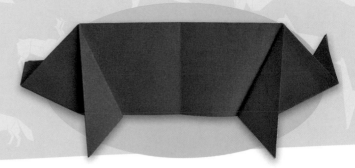

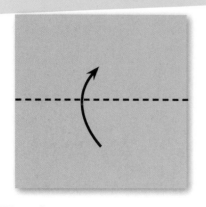

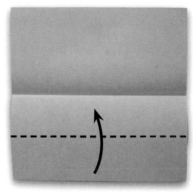

1 Comienza con un cuadro de papel, con el lado de color hacia abajo. Dobla el papel a la mitad con un doblez de valle.

2 Abre el papel. En la sección de abajo haz un doblez de valle hacia el pliegue central.

3 Haz lo mismo con la sección de arriba.

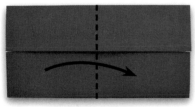

4 Haz un doblez de valle a la mitad de izquierda a derecha.

5 El papel debe lucir así. Desdobla el paso 4.

6 Haz un doblez de valle en las secciones externas hacia el pliegue central.

9 Haz lo mismo con las otras esquinas.

7 Ahora el papel deberá lucir así. Desdobla el paso 6.

8 En la esquina superior derecha haz un doblez de valle.

Abre

10 Ahora el papel deberá lucir así.

11 Suavemente abre la esquina superior derecha.

12 Aplástala para formar un triángulo. Haz lo mismo con las otras esquinas.

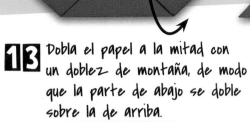

13 Dobla el papel a la mitad con un doblez de montaña, de modo que la parte de abajo se doble sobre la de arriba.

14 Haz un doblez de valle en las solapas derechas, adelante y atrás, para formar las 2 patas traseras.

15 Repite el paso 14 para formar las patas delanteras.

Acerca-
miento
de la
cola

16 En la esquina derecha haz un doblez de montaña.

17 Desdobla, luego haz un doblez hacia dentro invertido para crear la cola. Ahora haz un doblez de montaña en la punta izquierda.

18 Desdobla, luego haz un doblez hacia dentro invertido para crear la nariz. Mete la punta para dejarla chata.

Acerca-
miento de
la nariz

19 ¡Ahora para tu cerdo de origami en sus cuatro patas!

Pato

El pato pasa mucho tiempo nadando en lagos y estanques. Sus plumas son tan impermeables que cuando se sumerge en el agua la capa superior de plumas mantiene secas a las otras.

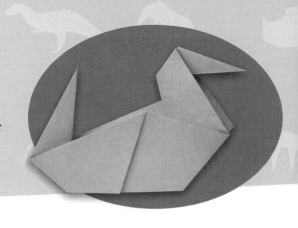

COMIENZA CON UNA BASE COMETA

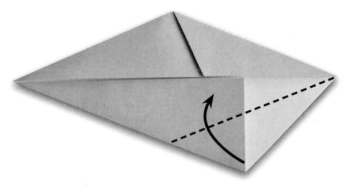

1 Busca cómo hacer una base cometa en la página 6. Colócala de lado. En la esquina superior derecha haz un doblez de valle para que llegue al pliegue central.

2 Repite del otro lado.

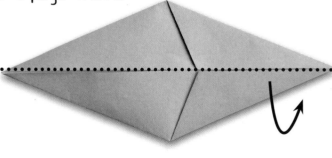

3 Dobla el papel a la mitad con un doblez de montaña de modo que la parte inferior quede doblada por debajo de la parte superior.

4 En la punta izquierda haz un doblez de montaña.

5 Desdobla, luego haz un doblez hacia dentro invertido para formar el cuello.

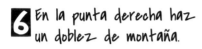

6 En la punta derecha haz un doblez de montaña.

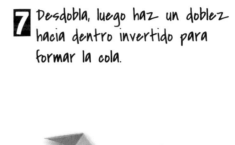

7 Desdobla, luego haz un doblez hacia dentro invertido para formar la cola.

8 En la punta izquierda haz un doblez de montaña.

9 Desdobla, luego haz un doblez hacia dentro invertido para formar la cabeza.

10 Haz que la figura se pare por sí sola ¡y ahora tienes un patito de origami listo para nadar!

Gallo

El gallo es el macho de la gallina. Tiene unas largas e impresionantes plumas que usa para mostrarse frente a las hembras. Checa la cola de este gallo de origami...

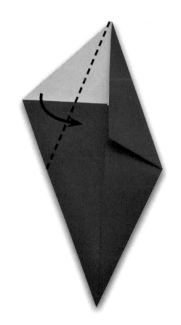

COMIENZA CON UNA BASE COMETA

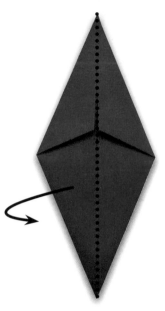

1 Busca cómo hacer una base cometa en la página 6. Haz un doblez de valle en la esquina derecha hacia el pliegue central.

2 Repite del otro lado.

3 Dobla el papel a la mitad con un doblez de montaña, de modo que el lado izquierdo quede atrás del derecho.

Las solapas están del lado izquierdo

4 Voltea el papel de lado. En la esquina izquierda haz un doblez de montaña.

5 Desdobla, luego haz un doblez hacia fuera invertido para crear el cuello.

6 En la esquina derecha haz un doblez de montaña.

7 Desdobla, luego haz un doblez hacia dentro invertido para crear la cola.

8 Haz un doblez de montaña en la esquina derecha.

9 Desdobla, luego haz un doblez hacia fuera invertido para formar la cabeza.

10 En la punta izquierda haz un doblez de montaña.

11 Desdobla, luego haz un doblez hacia dentro invertido para crear la cabeza.

12 Haz un doblez de montaña en la cabeza.

13 Desdobla y haz otro doblez hacia dentro invertido para crear el pico.

14 ¡Ahora tienes un gallo de origami con una increíble cola!

Conejo

El conejo tiene orejas sensibles que se pueden mover en cualquier dirección para captar los sonidos. Aquí tienes una versión en origami ¡con todo y orejas!

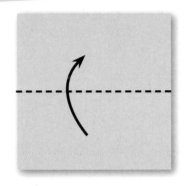

1 Toma un pedazo de papel y haz un doblez de valle como se muestra, luego vuelve a abrirlo.

2 En la sección de abajo haz un doblez de valle para que llegue al pliegue central.

3 Haz lo mismo con la sección de arriba.

4 En la esquina derecha haz un doblez de valle.

5 Haz dobleces de valle en las otras esquinas.

6 Ahora el papel deberá lucir así.

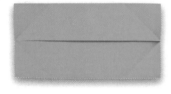

7 Abre las esquinas dobladas.

Abrir

8 Suavemente saca la esquina superior derecha. Mete el centro del pliegue para crear una solapa.

9 El papel deberá lucir así.

10 Haz lo mismo con las otras 3 esquinas.

11 Voltea todo el papel.

12 Voltea la solapa derecha y aplánala.

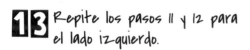

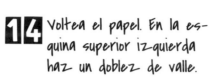

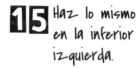

13 Repite los pasos 11 y 12 para el lado izquierdo.

14 Voltea el papel. En la esquina superior izquierda haz un doblez de valle.

15 Haz lo mismo en la inferior izquierda.

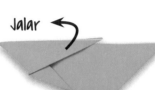

Jalar

16 Con las solapas izquierdas haz un doblez de valle de modo que la punta izquierda quede en su lugar. Éstas son las orejas del conejo.

17 Haz un doblez de montaña a lo largo del pliegue central de mode que la parte superior se doble hacia atrás.

18 Suavemente jala las orejas a su posición.

19 Aplana el papel. En la punta derecha haz un doblez de montaña.

20 Desdobla, luego haz un doblez hacia dentro invertido para crear las patas. En la nariz haz un doblez de montaña.

22 Suavemente separa las largas orejas para darles forma ¡y tu conejo de origami está listo!

21 Desdobla, luego achata la nariz.

Caballo

El caballo es conocido por su velocidad y es uno de los animales más veloces de la tierra. Tiene cuatro movimientos diferentes: ¡caminar, trotar, galopar y correr!

COMIENZA CON UNA BASE PEZ

1 Busca cómo hacer una base pez en la página 6. Voltéalo de tal forma que las dos solapas apunten a la derecha. Dobla el papel a la mitad con un doblez de montaña, de modo que la sección de abajo se doble por abajo de la de arriba.

2 En la punta izquierda haz un doblez de montaña.

3 Desdobla, luego haz un doblez hacia dentro invertido para crear el cuello.

4 En la punta superior haz un doblez de montaña.

Acercamiento de la cabeza

5 Desdobla, luego haz un doblez hacia dentro invertido para crear la cabeza. En la punta izquierda haz un doblez de montaña.

6 Desdobla, luego mete la punta para hacer la nariz. En las solapas haz un doblez de valle hacia delante para crear las patas delanteras.

7 En la punta derecha haz un doblez de montaña.

8 Desdobla, luego haz un doblez hacia fuera invertido para crear las patas traseras.

9 Apoya tu caballo de origami en sus fuertes patas y ¡está listo para galopar!

Vaca

Algunas vacas son capaces de producir 40 litros de leche al día. Para lograr esto necesitan comer mucho pasto y beber mucha agua.

HAZ LA CABEZA

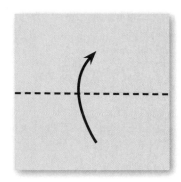

1 Comienza con el lado de color hacia abajo. Dobla a la mitad el papel con un doblez de valle, luego vuelve a abrirlo.

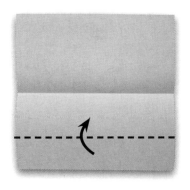

2 En la sección de abajo haz un doblez de valle que llegue al pliegue central.

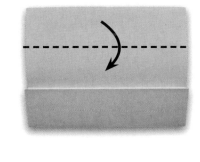

3 Haz lo mismo con la sección de arriba.

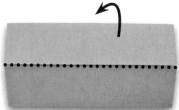

4 En la mitad de arriba haz un doblez de montaña para que quede debajo de la otra mitad.

5 Haz un doblez de valle hacia arriba en la esquina derecha.

6 Suavemente abre la esquina de arriba.

7 Debes ver que se empieza a formar un triángulo.

8 Aplana el papel.

9 Voltea el papel y repite los pasos 5, 6, 7 y 8 del otro lado. Desde arriba el papel debe lucir así.

Acercamiento a la nariz

10 Voltea hacia arriba el papel. En la punta derecha haz un doblez de montaña.

11 Desdobla, luego mete la punta hacia atrás en el pliegue con un doblez hacia dentro invertido para crear la nariz.

12 En la esquina derecha de la solapa haz un doblez de valle para crear las orejas de ambos lados. En el lado izquierdo haz un doblez de montaña.

13 En la esquina inferior haz un doblez de valle formando un triángulo.

14 Ahora el papel debe lucir así.

15 Desdobla el triángulo, luego haz un doblez hacia dentro invertido para formar una ranura en el cuerpo.

Vaca... Continúa

HAZ EL CUERPO

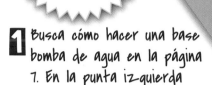

COMIENZA CON UNA BASE BOMBA DE AGUA

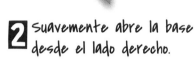

1 Busca cómo hacer una base bomba de agua en la página 7. En la punta izquierda haz un doblez de valle.

2 Suavemente abre la base desde el lado derecho.

Abre aquí

3 Continúa abriendo la base. Va a aparecer un triángulo arriba y abajo; aplánalos ambos como se muestra aquí.

4 Dobla el papel a la mitad con un doblez de valle de arriba hacia abajo.

5 Voltea el papel. En la esquina izquierda haz un doblez de montaña. Desdobla, luego haz un doblez hacia dentro invertido para formar el cuerpo de la vaca.

JUNTA LAS PIEZAS DE LA VACA

1 Mete la cabeza en el cuerpo de modo que se sujete firmemente.

2 Tu vaca de origami tiene la cabeza viendo hacia abajo para poder comer su delicioso pasto.

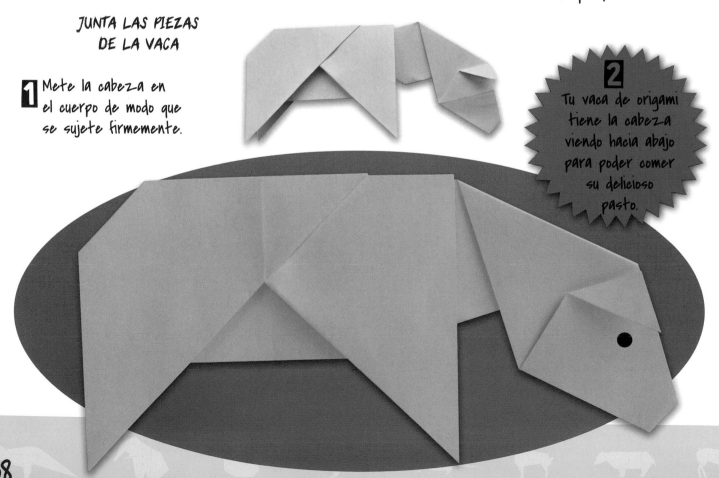

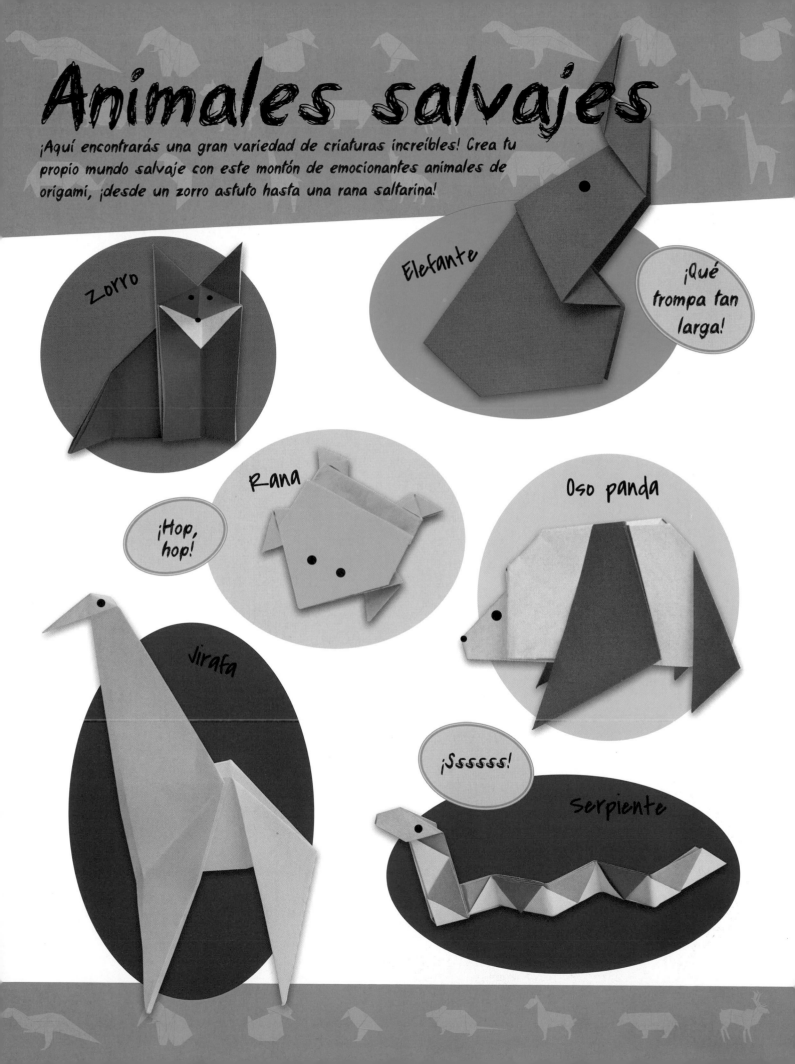

Zorro

En muchos cuentos tradicionales el zorro es el símbolo de la astucia. Sin embargo, ¡ya verás que para hacer este zorro de origami no necesitarás mucha astucia!

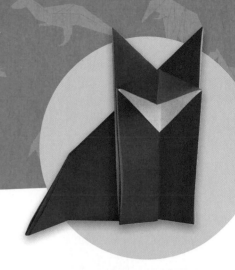

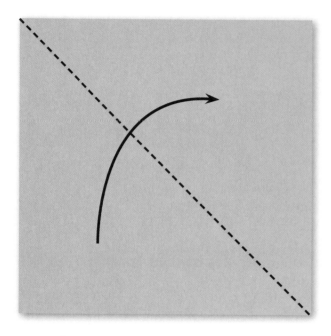

1 Comienza con un cuadro de papel, con el lado de color hacia abajo. Dóblalo a la mitad con un doblez de valle.

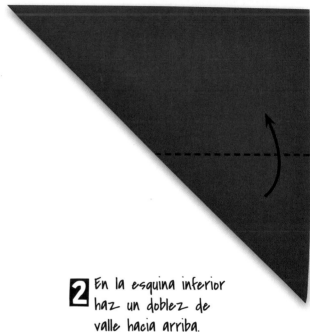

2 En la esquina inferior haz un doblez de valle hacia arriba.

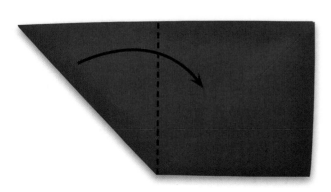

3 Ahora haz un doblez de valle en la esquina izquierda para que llegue al doblez.

4 Haz un doblez de montaña en la sección izquierda para que quede detrás de la sección derecha.

5 En la sección derecha haz un doblez de valle.

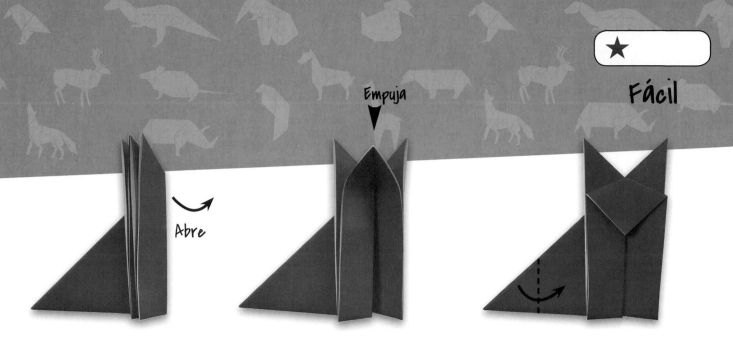

Empuja

Abre

6 Abre la solapa derecha.

7 Empuja el triángulo hacia abajo para formar el hocico.

8 En la cola haz un doblez de valle.

9

Ábrele la boca. ¡Ahora tienes a tu astuto, pero lindo, zorro de origami!

Serpiente

Las serpientes no tienen patas, entonces usan sus fuertes músculos para moverse por el suelo con movimientos ondulados.

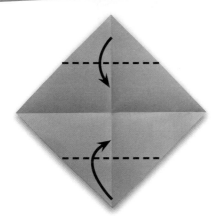

1 Voltea el papel de modo que una de la esquinas apunte hacia ti. Haz dos dobleces de valle diagonales.

2 En la esquina superior e inferior haz un doblez de valle para que se encuentren en el pliegue cental.

3 Haz un doblez de valle en la sección superior e inferior para que se junten en el centro.

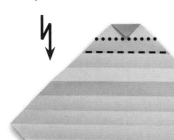

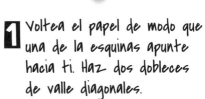

4 Repite el paso 3.

5 Ahora el papel deberá lucir así.

6 Desdobla y voltea el papel. Luego comienza a hacer una serie de dobleces escalonados hacia dentro desde las dos puntas.

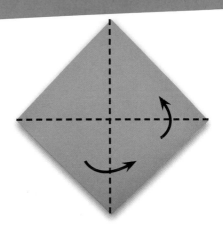

7 Continúa con los pliegues escalonados. Debe aparecer un patrón como éste.

8 Repite el paso 7.

9 Desde la izquierda, cuenta dos y medio diamantes. En esta línea haz un doblez de montaña hacia atrás.

10 Desdobla el último doblez que hiciste. Ahora en la sección inferior haz un doblez de montaña por atrás de la sección superior.

usa este pliegue

11 Usando el pliegue del lado izquierdo que hiciste en el paso 9, haz un doblez hacia fuera invertido.

12 En la esquina superior izquierda haz un doblez de montaña.

13 Desdobla, luego haz un doblez hacia fuera invertido para crear la cabeza de la serpiente.

14 Haz dobleces de montaña alternados con dobleces de valle a lo largo de todo el cuerpo.

15

Acomoda la figura de esta forma. ¡Ahora tienes una serpiente en zigzag de origami!

Oso panda

El oso panda es bien conocido por sus machas negras y blancas. ¡El papel origami que es blanco de un lado y oscuro del otro funciona perfecto para esta figura!

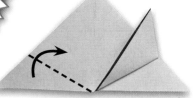

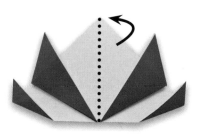

1 Busca cómo hacer una base bomba de agua en la página 7. Si estás usando un papel de dos colores, haz la base con el lado blanco hacia fuera. En la solapa derecha haz un doblez de valle.

2 Repite del otro lado.

3 Abre suavemente la solapa del lado derecho.

Abre

4 Haz un doblez hacia fuera invertido en esta solapa. Luego haz lo mismo del otro lado.

5 En la esquina de abajo del lado derecho haz un doblez de valle.

6 Repite del otro lado.

Abre

7 Suavemente abre la solapa inferior derecha.

8 Haz un doblez hacia fuera invertido. Luego haz lo mismo del otro lado.

9 Dobla el papel a la mitad con un doblez de montaña a lo largo del pliegue central.

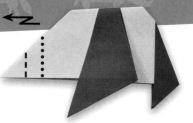

10 Pon el papel de lado; ahora tienes el cuerpo y las patas del panda. En la punta superior haz un doblez de montaña.

11 Desdobla, luego haz un doblez hacia dentro invertido para crear la espalda del panda, como se muestra.

12 Haz un doblez escalonado para crear la cara del panda.

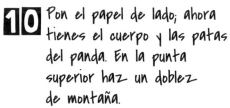

13 En la punta izquierda haz un doblez de montaña.

14 Desdobla, luego mete el papel para achatar la nariz del panda.

15
Ábrelo y ponlo de pie. ¡Ahora tienes un perfecto oso panda de origami!

Elefante

La larga trompa del elefante es fuerte y sensible. La usa para tomar su comida y beber agua. Aquí te mostramos cómo hacer un elefante de origami ¡con una impresionante trompa!

COMIENZA CON UNA BASE COMETA

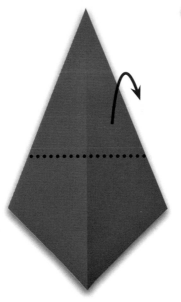

1 Busca cómo hacer una base cometa en la página 6. Colócala con la punta hacia abajo y voltéala.

2 Dobla el papel a la mitad con un doblez de montaña.

3 Ahora el papel debe lucir así.

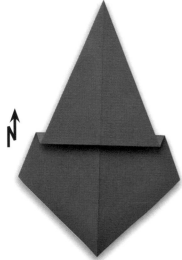

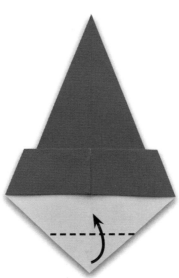

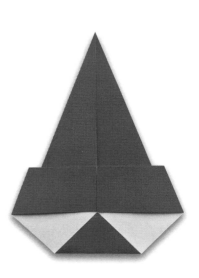

4 Abre el papel y haz un doblez de valle para crear un doblez escalonado como se muestra. Luego voltea el papel al revés.

5 En la parte inferior haz un doblez de valle que toque la orilla del papel arriba.

6 Ahora deberá lucir así.

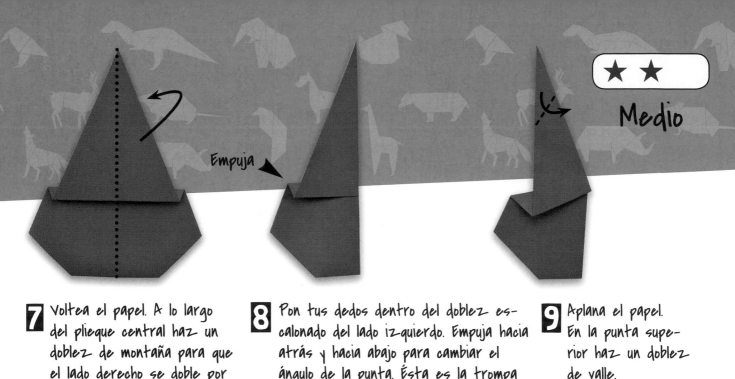

7 Voltea el papel. A lo largo del pliegue central haz un doblez de montaña para que el lado derecho se doble por detrás del izquierdo.

8 Pon tus dedos dentro del doblez escalonado del lado izquierdo. Empuja hacia atrás y hacia abajo para cambiar el ángulo de la punta. Ésta es la trompa del elefante.

9 Aplana el papel. En la punta superior haz un doblez de valle.

Empuja

10 Desdobla, luego haz un doblez hacia fuera invertido.

11 Nuevamente haz un doblez de valle en la punta de arriba. Desdobla y haz otro doblez hacia fuera invertido.

12 Gira el papel ligeramente hacia la izquierda y abre las piernas de la figura. Tienes un elefante sentado de origami icon una tremenda trompa!

Jirafa

La jirafa tiene el cuello más largo de todos los animales sobre la tierra. Lo usa para poder alcanzar las jugosas hojas de las copas de los árboles.

COMIENZA CON UNA BASE PÁJARO

1 Busca cómo hacer una base pájaro en la página 8. Colócala de tal manera que las solapas que tienen la abertura estén del lado izquierdo.

2 Toma la solapa derecha de la capa de abajo y gírala hacia la izquierda. Ahora las dos solapas están en el centro como se muestra.

3 Toma las puntas izquierda y derecha con cada mano y jala suavemente la base abierta para que se vea así.

Jala   Jala

4 Continúa jalando suavemente hasta que la sección de en medio comience a parecerse al pico de un pájaro.

5 Abre el papel ligeramente y haz un doblez de montaña desde el pliegue central.

6 Cierra el papel nuevamente y junta las puntas izquierda y derecha para formar una estrella.

7 Sube la punta de abajo hacia la de arriba. Aplana el papel.

8 Voltea el papel de modo que la punta esté viendo hacia abajo.

Empuja

9 Empuja hacia arriba y hacia atrás la punta izquierda para que la solapa trasera vaya hacia atrás y la de adelante gire hacia el frente.

10 Aplana el papel. En la punta derecha haz un doblez de valle.

11 Desdobla, luego haz un doblez hacia fuera invertido para crear las patas traseras.

12 En la punta superior haz un doblez de valle.

14 ¡Para tu jirafa de origami y deja que luzca ese increíble cuello!

13 Desdobla, luego haz un doblez hacia fuera invertido para crear la cabeza de la jirafa.

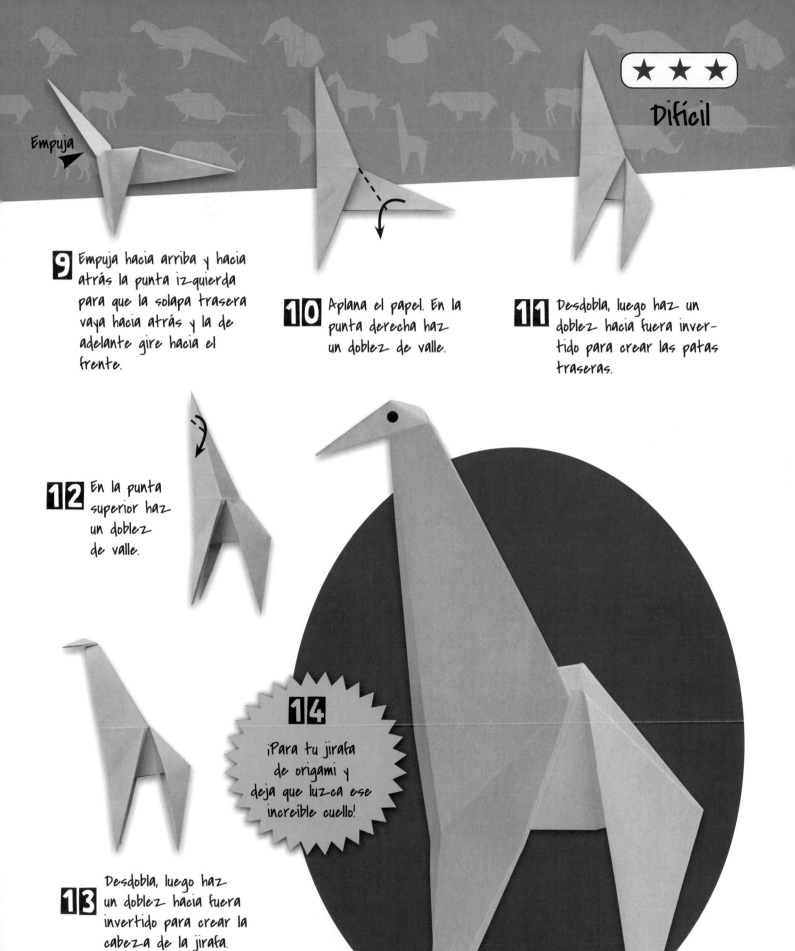

Rana saltarina

Las ranas se mueven saltando con sus fuertes patas traseras. Aquí te enseñamos a hacer una rana de origami ¡que puede saltar de verdad!

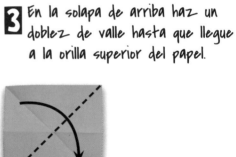

1 Comienza con un cuadro de papel con el lado de color hacia abajo. Dobla el papel a la mitad con un doblez de valle de izquierda a derecha.

2 Nuevamente dóblalo a la mitad con un doblez de valle trayendo la parte superior hacia abajo.

3 En la solapa de arriba haz un doblez de valle hasta que llegue a la orilla superior del papel.

4 El papel debe lucir así.

5 Desdobla los últimos dos pasos. Haz un doblez de valle en la esquina superior derecha.

6 Desdobla, luego haz un doblez de valle en la esquina superior izquierda.

7 El papel debe lucir así.

8 Desdobla la sección superior del papel.

Empuja

9 Empuja suavemente hacia abajo el triángulo de arriba para que se colapse el papel.

10 Aplana el papel en la parte de arriba para hacer el triángulo. En la sección inferior haz un doblez de valle hasta que toque la orilla del triángulo.

11 Toma la solapa de abajo del lado derecho y haz un doblez de valle que llegue hasta el centro, de modo que quede debajo del triángulo.

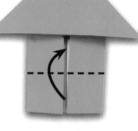

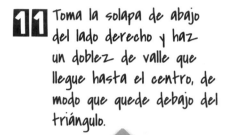

12 Repite del otro lado.

13 En la sección de abajo haz un doblez de valle para que llegue a la orilla del triángulo.

14 En las dos esquinas de abajo haz un doblez de valle.

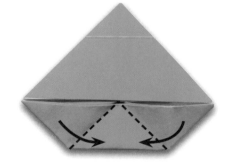

15 Desdobla las secciones de abajo. Jala las esquinas para obtener la forma de un barco, como se muestra en el paso 16.

16 Aplana el papel. En la esquina inferior derecha haz un doblez de valle. Repite del otro lado.

17 Nuevamente en la esquina inferior derecha haz un doblez de valle en dirección opuesta. Repite del otro lado.

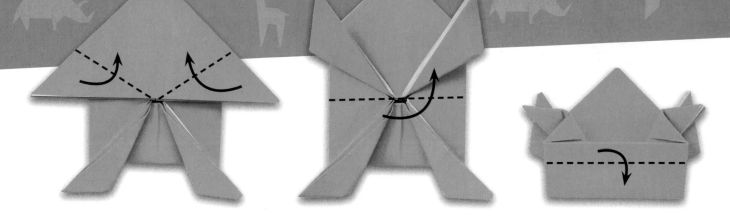

18 Ahora en la esquina superior derecha haz un doblez de valle. Haz lo mismo del otro lado.

19 Dobla el papel a la mitad con un doblez de valle a lo largo del pliegue central.

20 Haz un doblez de valle en la sección superior hacia abajo. ¡El doblez debe estar marcado firmemente!

21 Ahora el papel deberá lucir así.

22
Voltea el papel y tienes una rana de origami. Presiona con tu dedo el doblez de la espalda ¡y verás cómo salta!

Mascotas

¡Hay alguna mascota que siempre has querido tener? ¡Por qué no hacerte tu propia versión de origami? Aquí hay mucho de dónde escoger, ¡desde un cariñoso gato hasta una tortuga nadadora!

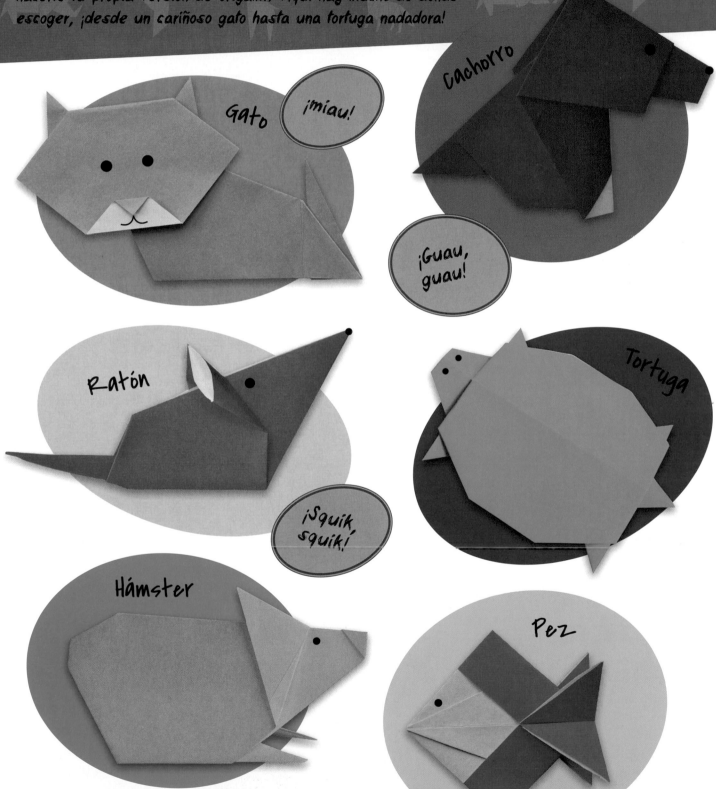

Gato

Los gatos han vivido con las personas como mascotas por miles de años. El gato es una buena compañía, pues es amigable ¡y ama sentarse en tus piernas!

HAZ LA CABEZA

1 Comienza con un cuadro de papel con el lado de color hacia abajo y coloca una de las esquinas apuntando hacia ti. Haz un doblez de valle a la mitad diagonalmente.

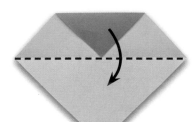

2 Ábrelo, luego en la punta de arriba haz un doblez de valle que llegue al pliegue central.

3 Haz un doblez de valle en la sección superior sobre el pliegue central.

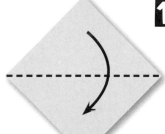

4 En la esquina derecha haz un doblez de valle hacia abajo.

5 Repite del otro lado.

6 En la esquina inferior derecha haz un doblez de valle hacia arriba.

7 Repite del otro lado. Estas son las orejas del gato.

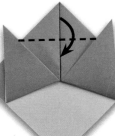

8 Haz un doblez de valle en el triángulo superior, entre las orejas

9 Ahora el papel deberá lucir así.

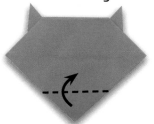

10 Voltea el papel. En la esquina de abajo haz un doblez de valle.

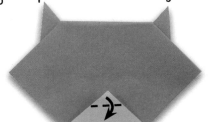

11 Haz un doblez de valle en la punta del triángulo inferior para crear la nariz del gato.

12 Ahora tienes la cabeza del gato.

54

HAZ EL CUERPO

COMIENZA CON UNA BASE COMETA

1 Busca cómo hacer una base cometa en la página 6. Ponla de lado como se muestra. Haz un doblez de valle a la mitad.

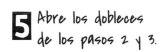

2 Haz un doblez de valle en la punta derecha.

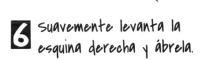

3 Haz un doblez de valle en la esquina derecha.

Abre

4 El papel deberá lucir así.

5 Abre los dobleces de los pasos 2 y 3.

6 Suavemente levanta la esquina derecha y ábrela.

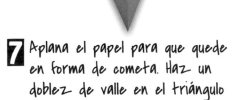

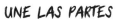

7 Aplana el papel para que quede en forma de cometa. Haz un doblez de valle en el triángulo de abajo.

8 En la solapa izquierda del triángulo haz un doblez de valle hacia la derecha para formar la cola del gato.

9 Ahora tienes el cuerpo del gato como se muestra arriba.

2 Ahora dobla hacia afuera las patas traseras, ¡y tienes un original gato de origami que será tu amigo!

UNE LAS PARTES

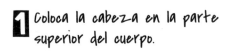

1 Coloca la cabeza en la parte superior del cuerpo.

Hámster

El hámster guarda comida en unas bolsas especiales que tiene en los cachetes. Cuando las bolsas están llenas, ¡la cara del hámster se ve enorme!

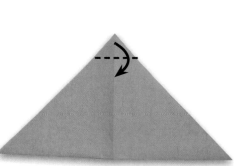

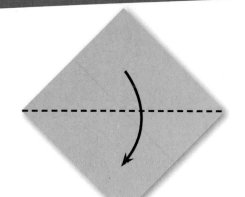

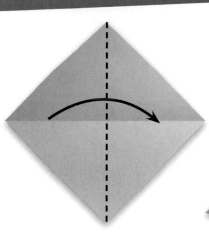

1 Comienza con un cuadro de papel con el lado de color hacia abajo y una esquina apuntando hacia ti. Haz un doblez de valle a la mitad diagonalmente.

2 Abre el papel y haz un doblez de valle a la mitad diagonalmente hacia el lado contrario.

3 Voltea el papel de modo que la punta quede hacia arriba. Haz un doblez de valle en la punta de la solapa superior.

4 Haz un doblez de valle en la punta de la solapa de atrás.

5 El papel debe lucir así; voltéalo.

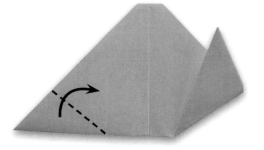

6 En la esquina derecha haz un doblez de valle para hacer una solapa.

7 Repite del otro lado.

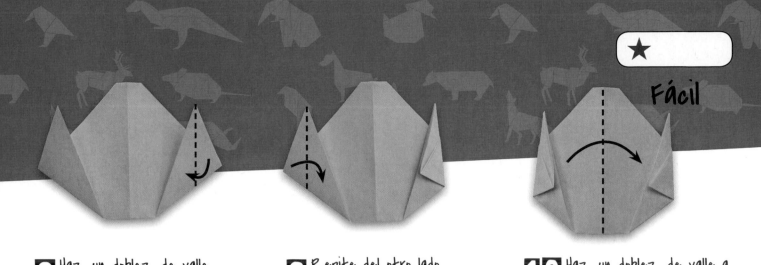

8 Haz un doblez de valle en la solapa derecha.

9 Repite del otro lado.

10 Haz un doblez de valle a lo largo del pliegue central.

Jalar

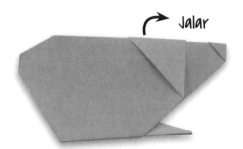

11 Voltea el papel así. Haz un doblez de valle en la esquina izquierda.

12 Desdobla, luego haz un doblez hacia dentro invertido para crear la cola.

13 Jala suavemente las orejas hacia arriba y hacia fuera.

14

¡Ahora tienes un lindo hámster de origami que busca algo para mordisquear!

Cachorro

Los cachorros son activos y juguetones, ¡pero los tienes que entrenar para que hagan lo que les digas! Aquí hay un divertido cachorro de origami para ti...

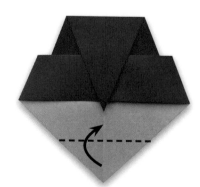

COMIENZA CON UNA BASE COMETA

1 Busca cómo hacer una base cometa en la página 6. Voltéala de cabeza y voltea el papel.

2 Haz un doblez de montaña a la mitad, de modo que la sección superior quede atrás de la sección inferior.

3 El papel ahora deberá lucir así. Desdobla.

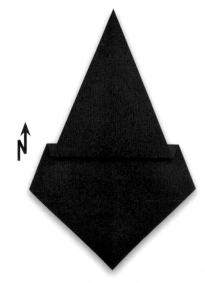

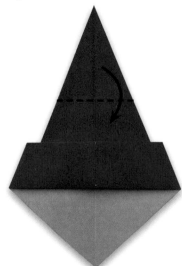

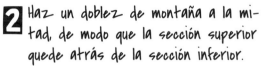

4 Haz un doblez de valle justo debajo del pliegue para formar un pliegue escalonado. Voltea el papel.

5 Haz un doblez de valle en la punta superior.

6 Haz un doblez de valle en la punta inferior hacia arriba de modo que toque la punta de la sección superior.

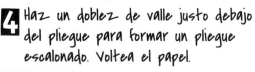

7 Haz un doblez de valle en la sección de arriba y en la sección de abajo.

Empuja

8 Dobla la punta superior hacia abajo con un doblez de valle.

9 Con un doblez de valle dobla el papel a la mitad a lo largo del pliegue central de derecha a izquierda.

10 Voltea el papel como se muestra. Haz un doblez de valle y marca bien el pliegue. Desdobla, luego empuja suavemente hacia abajo y hacia atrás la nariz del perro.

11 Mientras empujas, las solapas se abrirán hacia atrás en su lugar, mostrando las patas blancas del cachorro.

12 Pon de pie tu figura de origami ¡y tendrás un tierno cachorro juguetón!

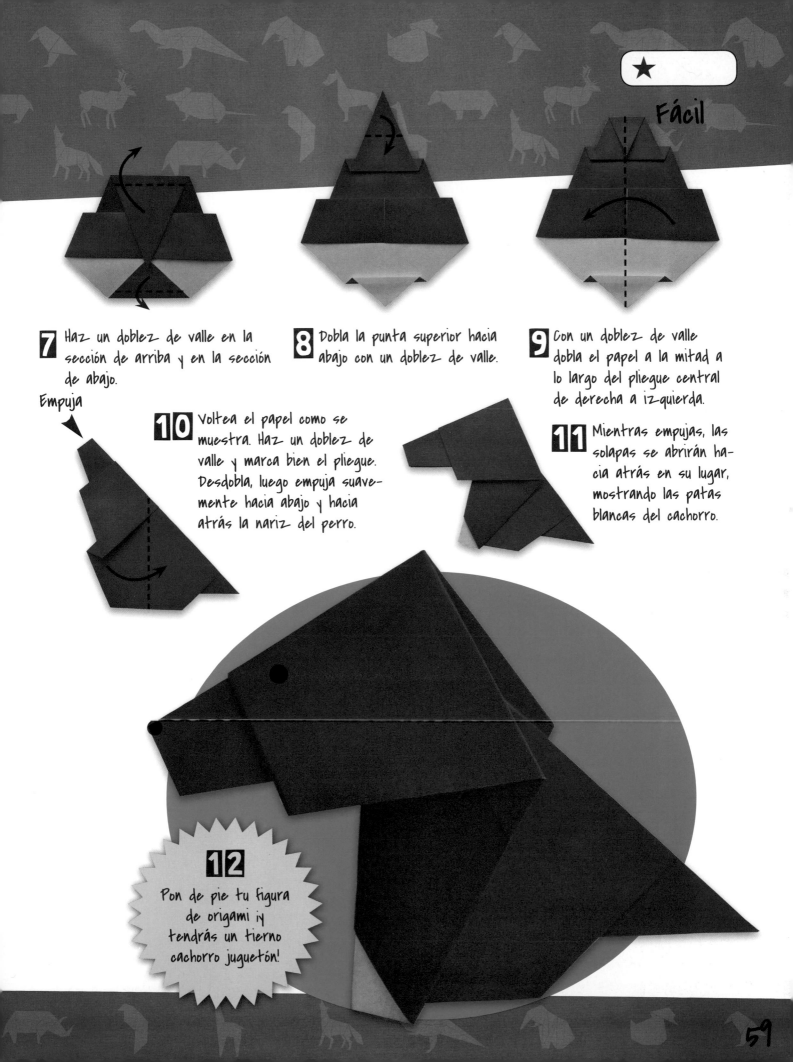

Pez

Los peces son de muchos colores: pueden ser rojos, naranjas, amarillos, blancos, negros o cafés. ¡Haz el tuyo de un color brillante!

1 Comienza con un cuadro de papel con el lado de color hacia abajo y haz un doblez de montaña a la mitad, llevando la sección superior atrás de la inferior.

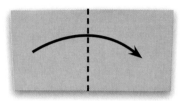

2 Haz un doblez de valle a la mitad de izquierda a derecha.

3 Ahora el papel deberá lucir así.

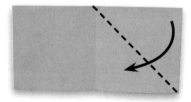

4 Abre el papel y haz un doblez de valle en la esquina derecha.

5 Repite del otro lado.

6 Ahora el papel debe lucir así.

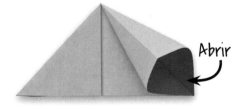

Abrir

7 Suavemente abre la esquina derecha.

8 Aplana el papel para hacer una forma de cometa, como se muestra.

9 Repite los pasos 7 y 8 del otro lado.

10 Voltea el papel y haz un doblez de valle en la esquina derecha.

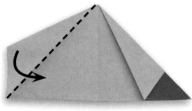

11 Repite del otro lado.

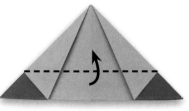

12 Haz un doblez de valle en la solapa superior.

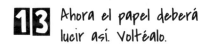

13 Ahora el papel deberá lucir así. Voltéalo.

14 Haz un doblez de valle en la sección inferior.

15 En la solapa superior derecha haz un doblez de valle.

16 Repite del otro lado.

17 Haz un doblez de montaña en las esquinas derecha e izquierda hacia atrás.

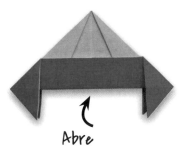

Abre

18 Ahora el papel debe lucir así. Comienza a abrir la parte de abajo.

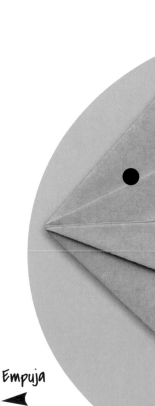

Empuja   Empuja

19 Empuja los lados derecho e izquierdo hasta que se cierren.

20 Pon la figura de lado, jala las aletas de la cola ¡y tienes un fabuloso pez de origami!

Ratón

El ratón tiene un gran sentido del olfato y con su nariz afilada investiga sus alrededores, ¡justo como esta versión de origami!

COMIENZA CON UNA BASE PEZ

1 Busca cómo hacer una base pez en la página 6. Gírala de forma que las solapas queden hacia el lado izquierdo. En la solapa inferior haz un doblez de montaña y métela debajo de sí misma.

2 Haz un doblez de montaña en la solapa superior y métela debajo de la solpa inferior.

3 En la punta izquierda haz un doblez de montaña.

4 En la esquina superior izquierda haz un doblez de montaña.

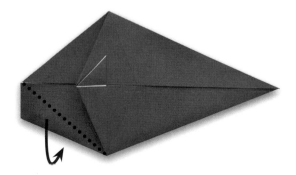

5 Repite del otro lado.

6 Haz un doblez de montaña a la mitad, de modo que la sección superior se doble por detrás de la sección inferior.

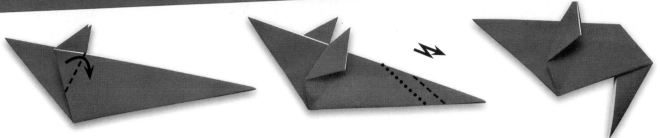

7 En la solapa de enfrente haz un doblez de valle. Luego repite con la solapa de atrás para formar las orejas.

8 Haz un doblez de montaña en la punta derecha y luego haz un doblez de valle para formar un pliegue escalonado.

9 Desdobla y haz un doblez hacia dentro invertido para que la cola apunte hacia abajo, como se muestra. Luego haz otro doblez hacia dentro invertido de modo que la cola quede hacia arriba.

Jale
↓

10 En la orilla derecha de la solapa de enfrente de la cola haz un doblez de montaña para meterla y hacerla más angosta. Haz lo mismo con la solapa de atrás.

11 Abre las orejas del ratón y jala la cola suavemente hacia abajo.

12 Ahora tienes un curioso ratón de origami, ¡con todo y nariz y cola afiladas!

Tortuga

La tortuga pasa mucho tiempo en el agua y tiene poderosas aletas que le ayudan a nadar. También tiene un fuerte caparazón que la protege de sus enemigos.

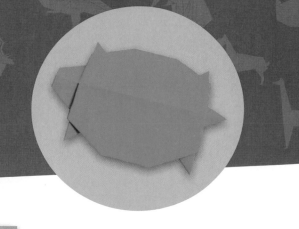

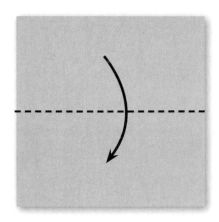

1 Comienza con tu papel de color con el lado de color hacia abajo. Haz un doblez de valle a la mitad y ábrelo.

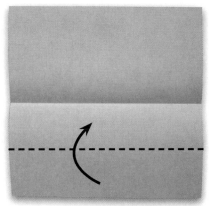

2 En la sección inferior haz un doblez de valle que llegue al pliegue central.

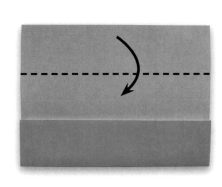

3 Repite lo mismo en la sección superior.

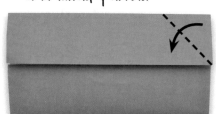

4 En la esquina derecha haz un doblez de valle.

5 Repite del otro lado.

6 Ahora el papel debe lucir así.

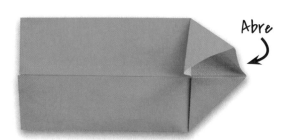

Abre

7 Suavemente abre la esquina superior.

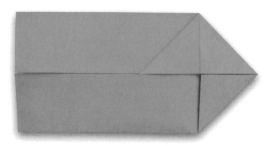

8 Aplana el papel para formar un triángulo como se muestra.

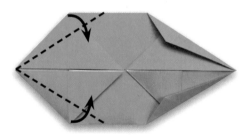

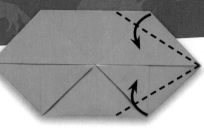

9 Repite los pasos 7 y 8 en la esquina inferior derecha.

10 Repite los pasos del 4 al 9 en las esquinas izquierdas.

11 En las esquinas superior e inferior derechas haz un doblez de valle.

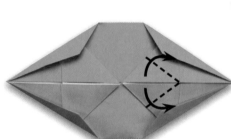

12 Repite el paso 11 en las esquinas izquierdas.

13 En las solapas del lado derecho haz un doblez de valle para crear las patas de la tortuga.

14 Repite del otro lado.

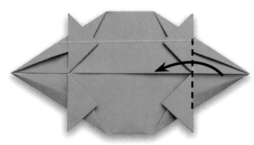

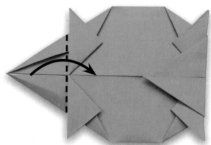

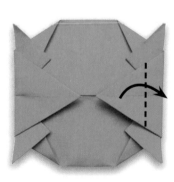

15 En la punta derecha haz un doblez de valle hacia el cuerpo.

16 Repite del otro lado.

17 Haz un doblez de valle en la punta derecha hacia atrás.

Tortuga... continúa

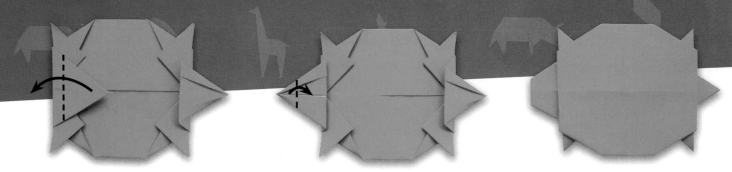

18 Repite del otro lado.

19 En la punta izquierda haz un doblez de valle. Ésta es la nariz de la tortuga.

20 Voltea el papel. Haz un doblez suave a lo largo del pliegue central.

21 Ahora para tu tortuga de origami sobre sus patas. ¡Está lista para sumergirse en el agua!

Aves y mariposas

Descubre cómo hacer una variedad de hermosas aves y una linda mariposa.
¡Tus figuras de origami lucirán como si estuvieran listas para volar!

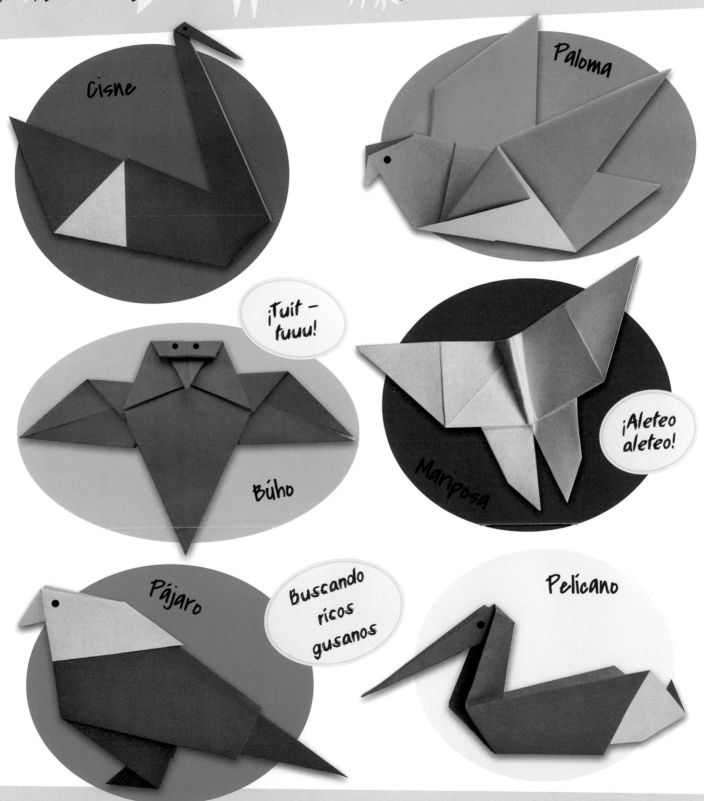

Cisne

Paloma

¡Tuit - tuuu!

Búho

Mariposa

¡Aleteo aleteo!

Pájaro

Buscando ricos gusanos

Pelícano

Cisne

Hay pocos espectáculos más elegantes que un cisne deslizándose en un estanque. Aquí te decimos cómo hacer uno.

COMIENZA CON UNA BASE COMETA

1 Busca cómo hacer una base cometa en la página 6.

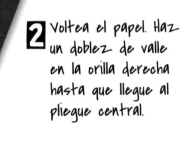

2 Voltea el papel. Haz un doblez de valle en la orilla derecha hasta que llegue al pliegue central.

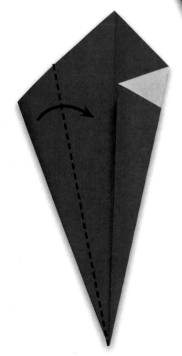

3 Repite del otro lado.

4 haz un doblez de valle hacia arriba en la sección inferior.

5 Dobla hacia abajo la punta que quedó arriba. Ésta será la cabeza del cisne.

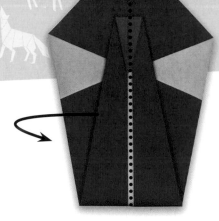

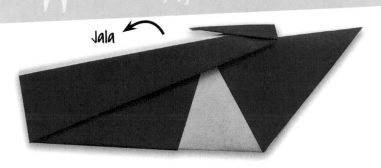

6 Haz un doblez de montaña a lo largo del pliegue central de modo que el lado izquierdo quede atrás del derecho.

7 Ahora gira el papel para que quede así. Jala el cuello como se muestra.

Jala

8 Aplana el papel y luego jala la cabeza a su posición.

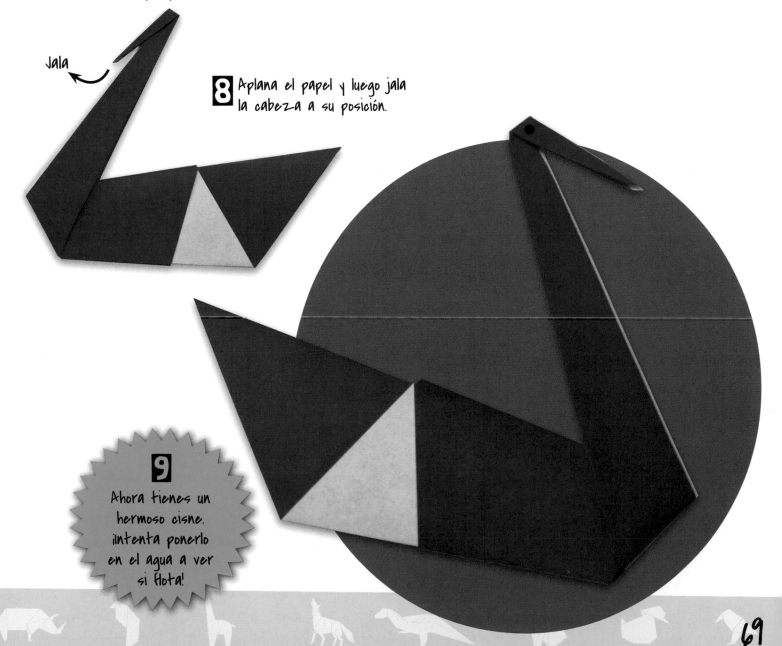

9 Ahora tienes un hermoso cisne. ¡Intenta ponerlo en el agua a ver si flota!

Pelícano

El pelícano tiene un pico extremadamente largo que usa para guardar peces y otras criaturas pequeñas para comer. ¡Glup!

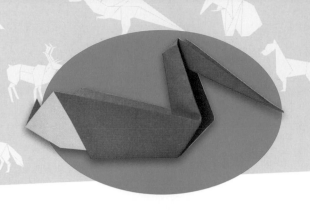

COMIENZA CON UNA BASE COMETA

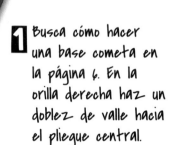

1 Busca cómo hacer una base cometa en la página 6. En la orilla derecha haz un doblez de valle hacia el pliegue central.

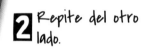

2 Repite del otro lado.

3 Ahora el papel deberá lucir así.

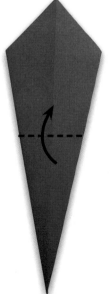

4 Voltea el papel y haz un doblez de valle de abajo hacia arriba.

5 Dobla la punta de arriba hacia abajo.

6 Dobla el papel a la mitad con un doblez de valle de derecha a izquierda.

7 Gira el papel de costado de modo que las puntas queden del lado izquierdo como se muestra.

8 Jala suavemente el cuello del pelicano para que salga y se enderece. En la cola haz un doblez de montaña.

9 Desdobla, luego haz un doblez hacia dentro invertido para formar la cola.

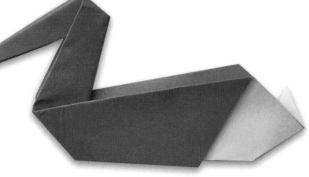

10 ¡Ahora tienes un pelicano perfectamente listo para atrapar algunos peces con su enorme pico!

Paloma

La paloma es conocida mundialmente como un símbolo de paz y amor. ¡Haz tu propio símbolo de la paz con esta versión de origami!

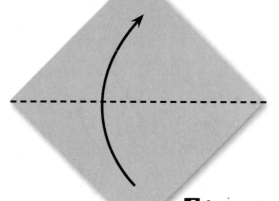

1 Comienza con un cuadro de papel con el lado de color hacia abajo y una esquina apuntando hacia ti. Haz un doblez de valle como se muestra.

2 Abre el papel y haz un doblez de valle nuevamente.

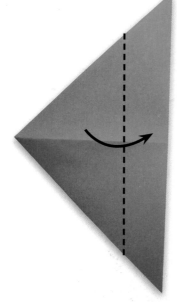

3 En la punta izquierda haz un doblez de valle de izquierda a derecha.

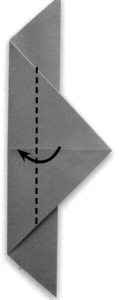

4 Haz un doblez de valle en la punta derecha de derecha a izquierda.

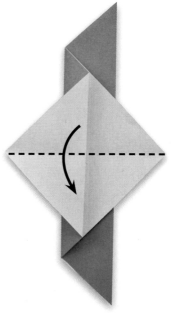

5 Abre la solapa superior y dobla hacia atrás la esquina derecha. Haz un doblez de valle en el pliegue central.

6 Dobla la solapa superior hacia arriba para hacer un ala. Repite del otro lado.

7 En la punta izquierda haz un doblez de montaña.

8 Desdobla, luego haz un doblez hacia dentro invertido para crear el pico.

9 Jala suavemente hacia afuera las alas ¡y tu paloma de origami está lista para volar!

Pájaro

Muchos tipos de pájaros visitan los jardines durante el año.
¡Aquí te enseñamos cómo hacer uno!

COMIENZA CON UNA BASE COMETA

1 Busca cómo hacer una base cometa en la página 6. En el triángulo de arriba haz un doblez de montaña.

2 En la esquina superior derecha haz un doblez de valle que llegue hasta el pliegue central.

3 Repite del otro lado.

4 Ahora el papel deberá lucir así.

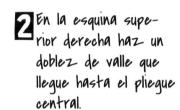

5 Suavemente abre la esquina derecha.

6 Aplana el papel para lograr esta forma. Repite del otro lado.

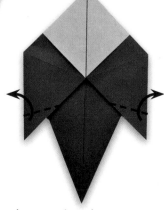

7 En ambas puntas haz un doblez de valle. Éstas serán las patas del pájaro.

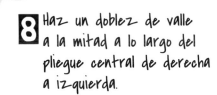

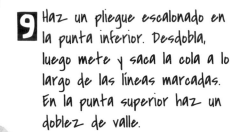

8 Haz un doblez de valle a la mitad a lo largo del pliegue central de derecha a izquierda.

9 Haz un pliegue escalonado en la punta inferior. Desdobla, luego mete y saca la cola a lo largo de las líneas marcadas. En la punta superior haz un doblez de valle.

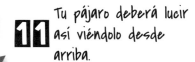

10 Gira el papel de lado. Desdobla, luego haz un doblez hacia dentro invertido para crear la cabeza.

11 Tu pájaro deberá lucir así viéndolo desde arriba.

12 Para tu figura sobre sus patas ¡y tu pájaro está listo para picotear gusanos!

Búho

A menudo el búho se usa como símbolo de sabiduría y conocimiento. Tu búho de origami se verá poderoso y alerta con sus alas abiertas.

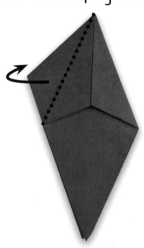

COMIENZA CON UNA BASE PÁJARO

Triángulo interno

1 Busca cómo hacer una base pájaro en la página 8. Con las dos solapas abiertas viendo hacia abajo, dobla la solapa superior hacia abajo para que llegue a la punta de abajo.

2 Ahora el triángulo interno deberá verse como se muestra aquí arriba.

3 Voltea el papel y repite el paso 2 de modo que el triángulo interno sobresalga. En la esquina derecha haz un doblez de valle hacia el pliegue central.

4 Repite del otro lado.

5 Haz un doblez de montaña en la esquina derecha, de modo que quede doblada hacia atrás.

6 Repite del otro lado.

7 Tu papel deberá lucir así.

8 Levanta la solapa superior y jala suavemente hacia fuera la punta interna, como se muestra.

9 Ahora aplánala y dóblala para hacer el ala.

10 Repite del otro lado. En la punta superior haz un doblez escalonado con un doblez de valle, luego un doblez de montaña.

11 Haz un doblez de valle para bajar a su posición la cabeza y el pico.

12 ¡Ahora tienes un poderoso búho listo para cazar en la noche!

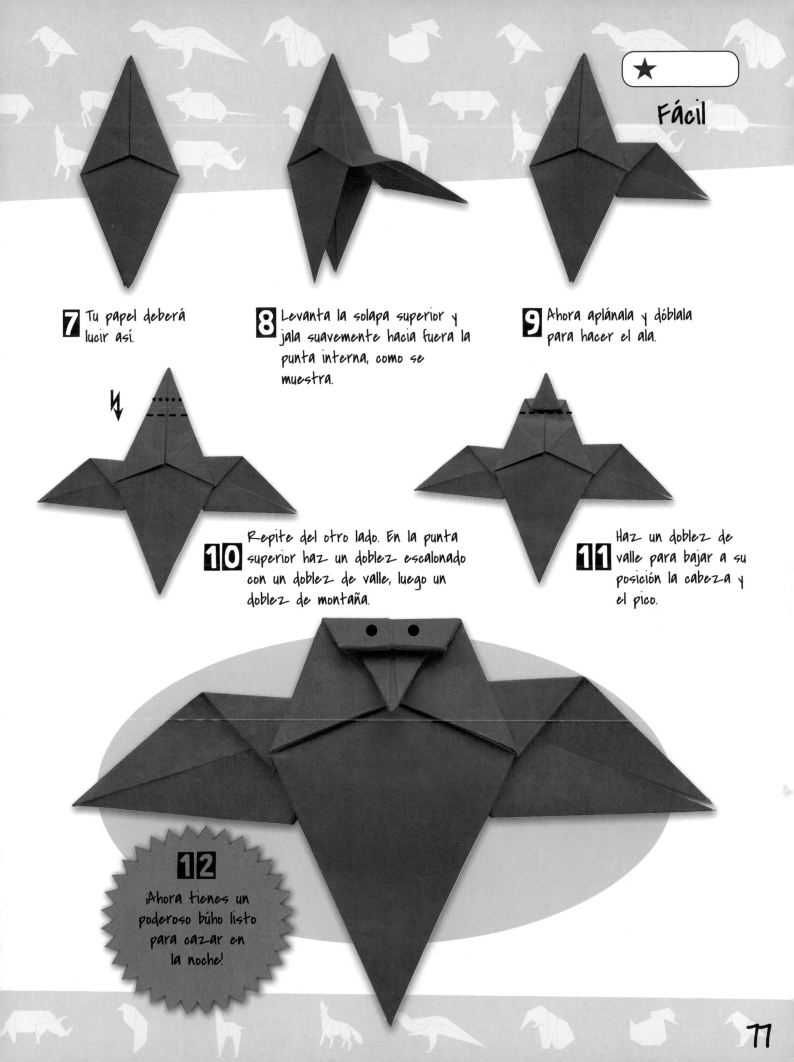

Mariposa

Una mariposa tiene cuatro alas y los patrones de la derecha son simétricos a los de la izquierda. ¡Después de hacer la tuya puedes decorarla!

1 Comienza con el lado de color hacia abajo. Haz un doblez de valle a la mitad y ábrelo. Luego haz un doblez de valle a la mitad del otro lado y ábrelo.

2 Haz un doblez de valle diagonalmente y ábrelo. Dóblalo diagonalmente del otro lado y ábrelo.

3 En la esquina superior derecha haz un doblez de valle. Dobla las otras esquinas igual.

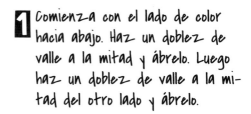

4 Nuevamente haz un doblez de valle en la esquina superior derecha.

5 Dobla las otras esquinas igual.

6 Ahora deberás tener un pequeño cuadrado como éste.

7 Desdobla completamente el papel y haz un doblez de valle en la sección derecha.

8 Haz un doblez de valle en la sección izquierda para que llegue al centro.

9 Ahora tu papel deberá lucir así.

10 Toma las esquinas de arriba y jálalas suavemente hacia fuera de modo que la parte de arriba se doble hacia abajo.

11 Continúa jalando las esquinas hacia afuera y llevando la parte de arriba hacia abajo. Aparecerá esta figura.

12 Aplana el papel como se muestra. Luego gíralo de tal forma que la parte de arriba se vuelva la de abajo.

13 Repite los pasos 10 y 11 para lograr la figura que se muestra arriba. Haz un doblez de montaña hacia atrás en la sección de arriba.

14 En la solapa superior derecha haz un doblez de valle.

15 Repite del otro lado.

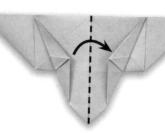

16 Haz un doblez de valle en la solapa superior derecha.

17 Repite del otro lado.

18 Dobla el papel a la mitad con un doblez de valle de izquierda a derecha.

19 En la esquina superior izquierda haz un doblez de montaña.

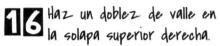

20 Desdobla, luego abre la mariposa. Marca con las uñas el pliegue que hiciste en el paso 19 para crear el cuerpo de la mariposa.

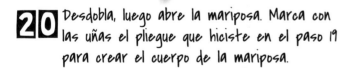

21 Empuja hacia atrás el ala derecha para acomodar el cuerpo.

22 Marca bien con las uñas el cuerpo para que sobresalga. ¡Ahora tu mariposa de origami está lista para volar!

Dinosaurios

Los dinosaurios vivieron hace millones de años. No todos eran grandes y feroces; tenían diferentes tamaños y formas. Checa estos dinosaurios de origami desde el terrible T. rex hasta el gigante Diplodocus.

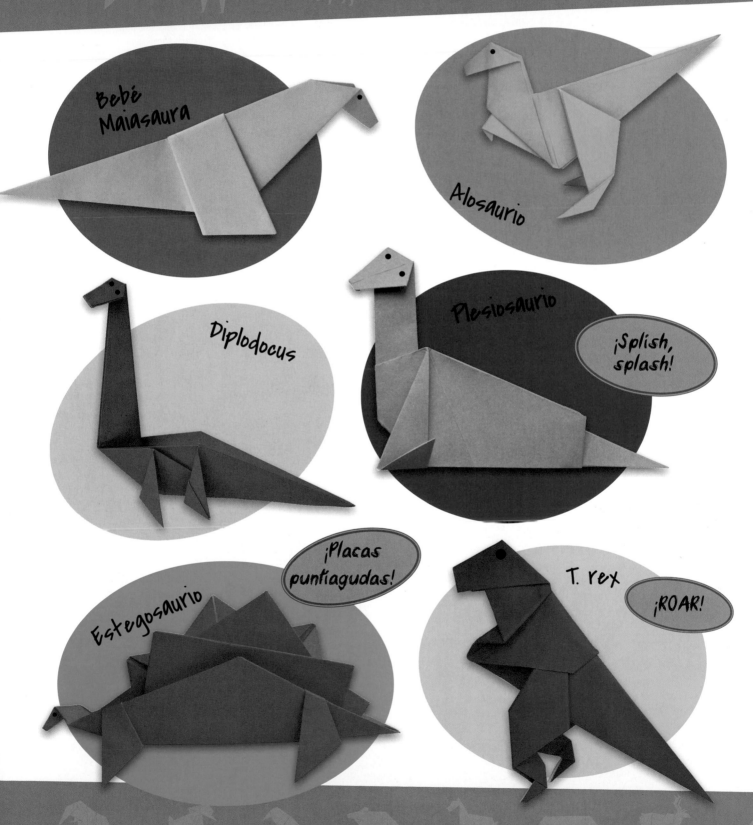

Bebé Maiasaura

Alosaurio

Diplodocus

Plesiosaurio

¡Splish, splash!

¡Placas puntiagudas!

Estegosaurio

T. rex

¡ROAR!

Bebé Maiasaura

Maiasaura significa "buena madre lagarto" porque este dinosaurio cuidaba de sus bebés y los protegía del peligro. ¡Aquí te enseñamos cómo hacer un bebé maiasaura!

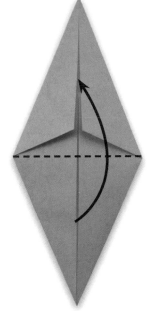

COMIENZA CON UNA BASE COMETA

1 Busca cómo hacer una base cometa en la página 6. En la esquina superior derecha haz un doblez de valle.

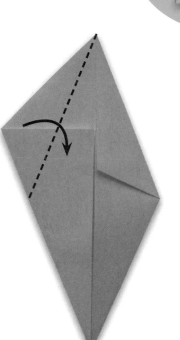

2 Repite del otro lado.

3 Haz un doblez de montaña a la mitad, de abajo hacia arriba.

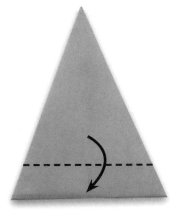

4 Dobla hacia abajo la sección superior con un doblez de valle.

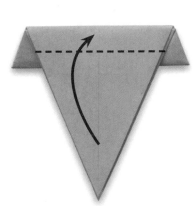

5 Dobla la solapa superior hacia atrás con un doblez de valle.

6 Haz un doblez de valle a la mitad del papel de izquierda a derecha.

7 Voltea el papel a la posición que se muestra aquí. Haz un doblez de montaña en la punta izquierda.

8 Desdobla, luego haz un doblez hacia dentro invertido para crear la cabeza.

9 Mete la punta de la nariz para achatarla.

10 Tu bebé de origami está listo. Ahora ¿por qué no intentas hacer a su mamá?

Diplodocus

El diplodocus era un dinosaurio enorme que comía plantas. Es probable que usara su larga y poderosa cola como un látigo para golpear a sus enemigos.

COMIENZA CON UNA BASE COMETA

1 Busca cómo hacer una base cometa en la página 6 comenzando con el lado de color hacia arriba. Voltéalo como se muestra.

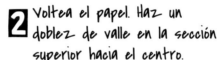

2 Voltea el papel. Haz un doblez de valle en la sección superior hacia el centro.

3 Repite del otro lado.

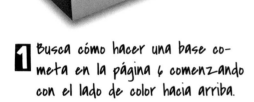

Desdobla

4 Desdobla la solapa superior de los dos lados.

5 Vuelve a doblar ambas solapas con dobleces de valle.

6 Ahora el papel deberá lucir así.

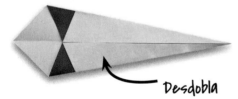

Abre

7 Levanta suavemente la esquina de la solapa superior y ábrela.

8 Ahora aplana el papel para formar un triángulo como se muestra.

9 Repite del otro lado.

Abre

10 Suavemente abre la esquina izquierda.

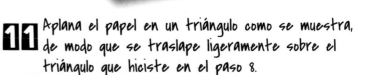

11 Aplana el papel en un triángulo como se muestra, de modo que se traslape ligeramente sobre el triángulo que hiciste en el paso 8.

12 Repite del otro lado. Haz un doblez de montaña a la mitad, de modo que la parte de abajo quede atrás de la de arriba.

13 Las solapas deben apuntar a la derecha. Dobla las dos solapas hacia atrás para formar las piernas. Haz lo mismo de ambos lados.

14 Haz un doblez de valle en la punta derecha de modo que quede hacia arriba.

15 Desdobla, luego haz un doblez hacia dentro invertido para crear el cuello.

16 Aplana el papel.

17 En la punta derecha haz un doblez de montaña.

18 Desdobla, luego haz un doblez hacia dentro invertido para crear la cabeza.

20 Para tu lindo Diplodocus de origami - ¡pero ten cuidado con esa cola traviesa!

19 Aplana la cabeza y dale un poco de ángulo. Mete la punta para achatar la nariz.

Plesiosaurio

Cuando los dinosaurios rondaban en la tierra, los reptiles de cuello largo llamados plesiosaurios nadaban en los océanos. Éste es un plesiosaurio.

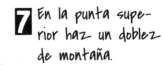

COMIENZA CON UNA BASE PEZ

1 Busca cómo hacer una base pez en la página 6. Con las solapas apuntando a la izquierda, haz un doblez de montaña a la mitad.

2 Haz un doblez de valle en la solapa superior hacia el centro. Luego repite del otro lado.

3 Haz un doblez de valle en la punta izquierda hacia arriba.

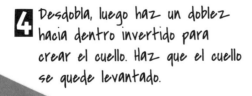

4 Desdobla, luego haz un doblez hacia dentro invertido para crear el cuello. Haz que el cuello se quede levantado.

5 Haz un doblez de montaña en la solapa superior del cuello hacia dentro de sí mismo, de modo que se vuelva un pliegue angosto.

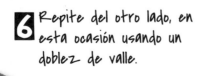

6 Repite del otro lado, en esta ocasión usando un doblez de valle.

7 En la punta superior haz un doblez de montaña.

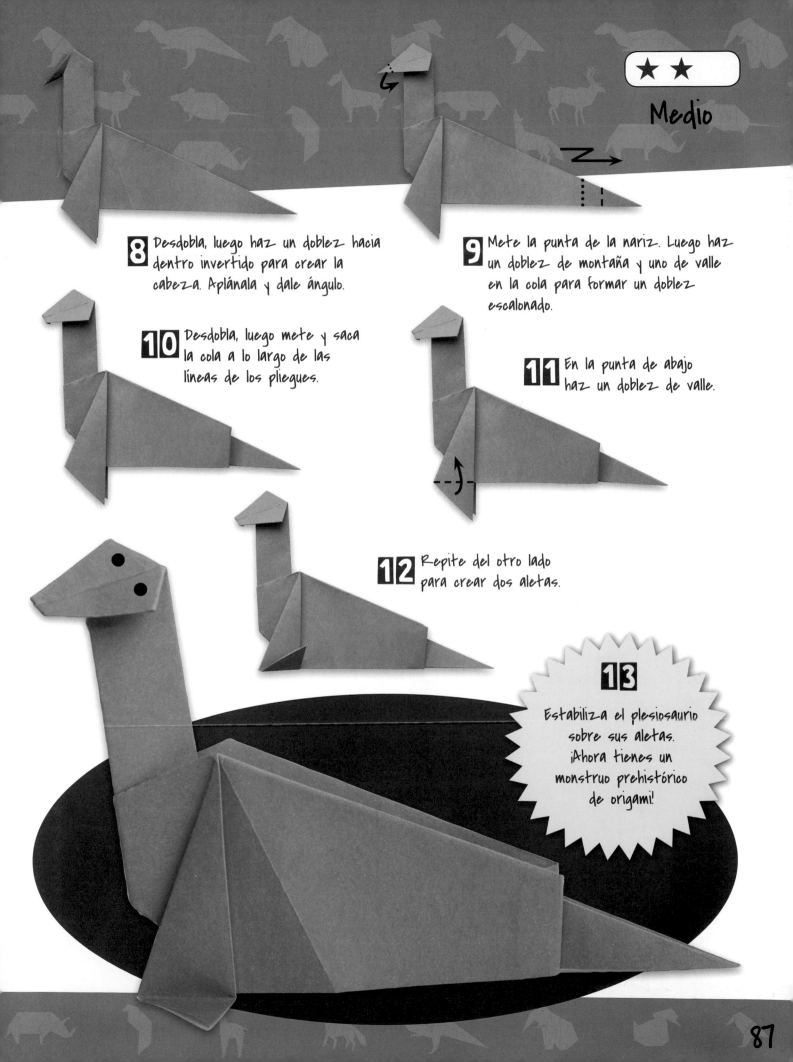

8 Desdobla, luego haz un doblez hacia dentro invertido para crear la cabeza. Aplánala y dale ángulo.

9 Mete la punta de la nariz. Luego haz un doblez de montaña y uno de valle en la cola para formar un doblez escalonado.

10 Desdobla, luego mete y saca la cola a lo largo de las líneas de los pliegues.

11 En la punta de abajo haz un doblez de valle.

12 Repite del otro lado para crear dos aletas.

13 Estabiliza el plesiosaurio sobre sus aletas. ¡Ahora tienes un monstruo prehistórico de origami!

Alosaurio

El alosaurio era parecido a su famoso primo: el T. rex. A pesar de no haber sido ni tan grande, ni tan alto, ¡era un combatiente muy temido!

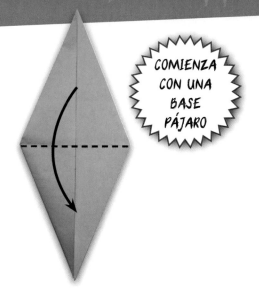

COMIENZA CON UNA BASE PÁJARO

2 Haz un doblez de valle a la mitad de derecha a izquierda. Voltéalo de forma que las solapas queden a la derecha.

Despega

1 Busca cómo hacer una base pájaro en la página 8. Las dos solapas con la abertura apuntan hacia abajo. Haz un doblez de valle en la solapa de enfrente.

3 Jala hacia atrás la solapa izquierda para revelar el triángulo de abajo como se muestra en el paso 4.

Pliegue

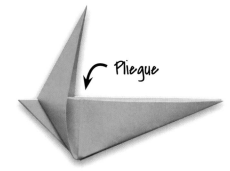

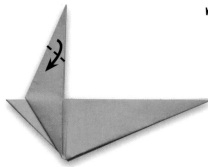

4 La orilla de la parte de arriba de la pieza debe juntarse con el pliegue en el cuerpo. Aplana el papel.

5 Haz un doblez de valle en la punta superior.

6 Desdobla, luego haz un doblez hacia fuera invertido para crear la cabeza.

7 Mete la punta de la nariz para achatarla.

8 Haz un doblez de valle en la punta que sobresale en el frente. Tu doblez debe meterse en la cavidad del cuello un poco.

9 Desdobla, luego haz un doblez hacia dentro invertido para crear los brazos.

10 Haz un doblez de valle en la solapa superior hacia abajo para crear una pierna. Repite del otro lado.

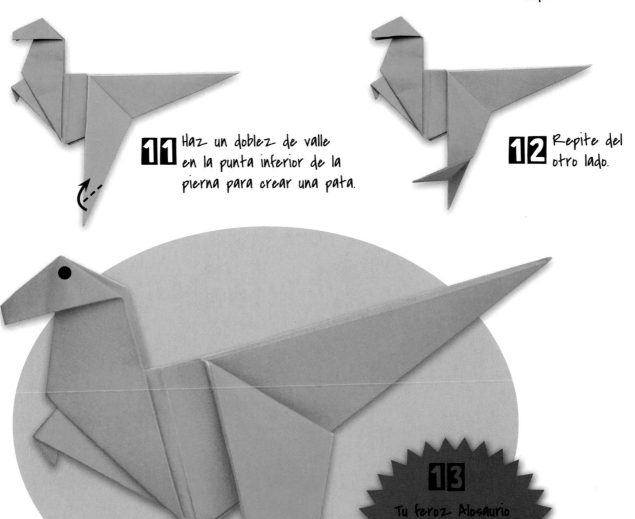

11 Haz un doblez de valle en la punta inferior de la pierna para crear una pata.

12 Repite del otro lado.

13 Tu feroz Alosaurio deberá pararse sobre sus patas. ¡Tengan cuidado, dinosaurios!

Estegosaurio

El estegosaurio tenía dos filas de placas con picos a lo largo de su espalda. Las utilizaba para mantenerse calientito: se ponía de lado hacia el sol para calentarse.

HAZ EL CUERPO Y LA CABEZA

1 Comienza con el lado de color hacia abajo. Haz un doblez de valle a la mitad y desdobla.

2 En la sección derecha haz un doblez de valle hacia el pliegue central.

3 Repite del otro lado.

4 En la esquina superior derecha haz un doblez de valle.

5 Repite del otro lado.

6 Repite los pasos 4 y 5 en las esquinas de abajo.

7 Desdobla todas las esquinas para que el papel quede así.

8 Abre la esquina superior derecha y haz un doblez hacia dentro invertido.

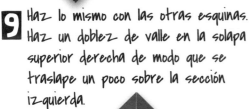

9 Haz lo mismo con las otras esquinas. Haz un doblez de valle en la solapa superior derecha de modo que se traslape un poco sobre la sección izquierda.

10 Haz un doblez de valle en la solapa superior izquierda de modo que se traslape ligeramente sobre la solapa derecha.

11 Repite los pasos 9 y 10 en las solapas de abajo.

12 Ahora el papel deberá lucir así. Voltea el papel.

13 Haz un doblez de valle en las orillas superiores.

14 Haz un doblez de valle en las esquinas derecha e izquierda para que se encuentren en el centro.

15 Haz un doblez de valle a la mitad de derecha a izquierda.

16 Voltea el papel como se muestra, de modo que las patas apunten hacia abajo. En la punta izquierda haz un doblez de valle.

17 Desdobla, luego haz un doblez hacia dentro y de regreso para crear el cuello.

18 Haz un doblez de montaña en la punta izquierda.

19 Ahora haz un doblez hacia fuera invertido para crear la cabeza. Mete la punta para achatar la nariz.

HAZ LA ESPALDA

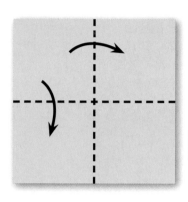

1 Comienza con el lado de color hacia abajo. Haz dobleces de valle de modo que el papel quede dividido en cuartos.

2 Desdobla, luego haz un doblez de valle en la esquina superior derecha hacia el centro.

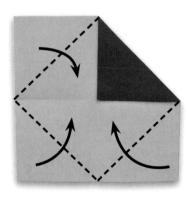

3 Repite en las otras esquinas.

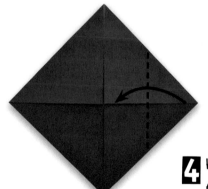

4 Haz un doblez de valle en la esquina derecha hacia el centro.

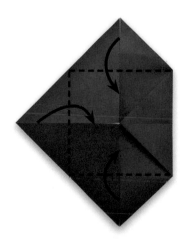

5 Haz lo mismo con las otras esquinas.

6 Haz un doblez de valle en la solapa superior hacia arriba.

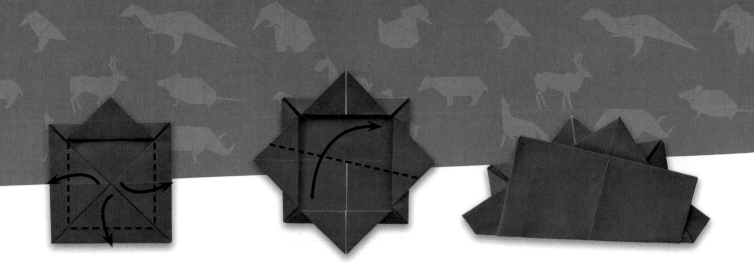

7 Repite lo mismo con las otras solapas.

8 Haz un doblez de valle en la sección inferior del papel en ángulo, como se muestra, de modo que los triángulos formen un arco.

9 Ahora el papel deberá lucir así. Ésta es la espalda puntiaguda del Estegosaurio.

JUNTA LAS PIEZAS

1 Mete la espalda del Estegosaurio en el cuerpo.

2 Para el Estegosaurio sobre sus patas ¡y tienes un puntiagudo dinosaurio de origami!

T. rex

El tiranosaurio rex, o T. rex, era un feroz carnívoro con una gran cabeza y dientes afilados. Su nombre significa ¡"rey lagarto tirano"!

COMIENZA CON UNA BASE PÁJARO

1 Busca cómo hacer una base pájaro en la página 8. Colócalo de tal manera que las solapas con la abertura apunten hacia abajo. Haz un doblez de valle en la solapa superior.

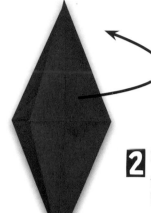

2 Lleva la solapa derecha hacia la parte posterior del papel y deslízala hacia la izquierda, de modo que las dos puntas queden expuestas en la parte superior, como se ve en el paso 3.

3 Haz un doblez de valle en la solapa inferior hacia la parte superior.

4 Haz un doblez de valle en la esquina inferior de la solapa superior derecha hacia el centro.

5 Repite del otro lado.

6 Ahora el papel deberá lucir así. Voltea el papel.

Jala

7 Jala suavemente la punta más alta del lado derecho hasta la posición que se muestra en el paso 8.

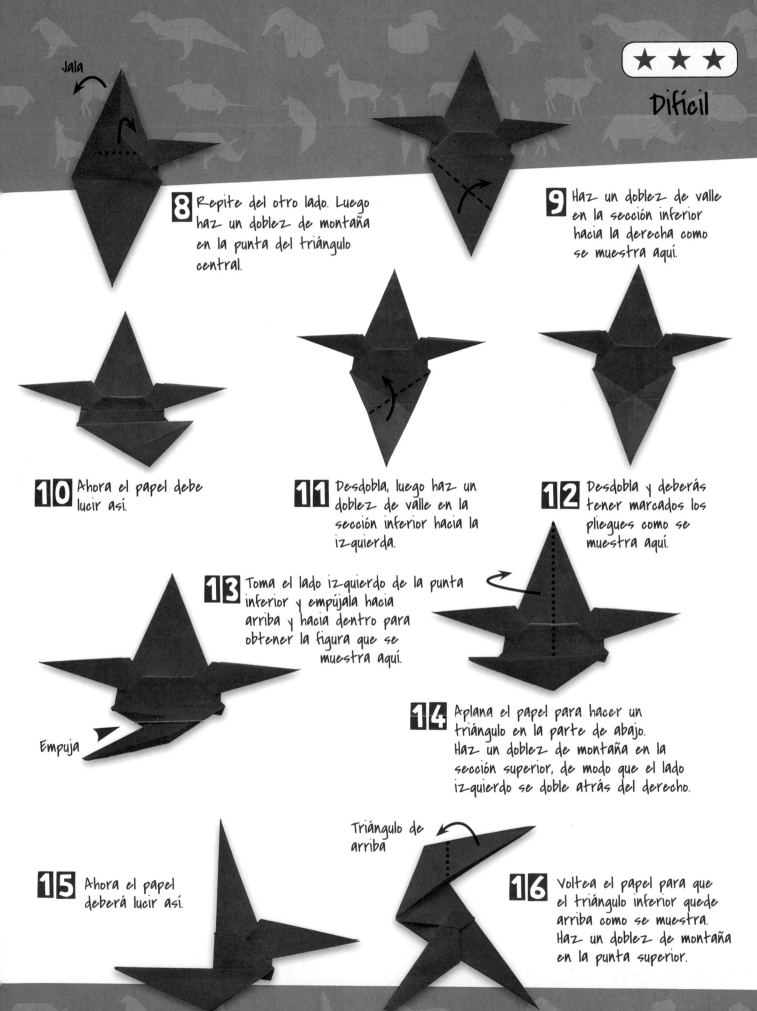

Jala

8 Repite del otro lado. Luego haz un doblez de montaña en la punta del triángulo central.

9 Haz un doblez de valle en la sección inferior hacia la derecha como se muestra aquí.

10 Ahora el papel debe lucir así.

11 Desdobla, luego haz un doblez de valle en la sección inferior hacia la izquierda.

12 Desdobla y deberás tener marcados los pliegues como se muestra aquí.

13 Toma el lado izquierdo de la punta inferior y empújala hacia arriba y hacia dentro para obtener la figura que se muestra aquí.

Empuja

14 Aplana el papel para hacer un triángulo en la parte de abajo. Haz un doblez de montaña en la sección superior, de modo que el lado izquierdo se doble atrás del derecho.

15 Ahora el papel deberá lucir así.

Triángulo de arriba

16 Voltea el papel para que el triángulo inferior quede arriba como se muestra. Haz un doblez de montaña en la punta superior.

T. rex... continúa

Empuja ►

17 Desdobla, Luego haz un doblez hacia fuera invertido para crear la cabeza.

18 Mete la punta de la nariz para achatarla.

19 Haz un doblez de valle donde se muestra. Empuja hacia abajo y hacia atrás sobre el cuello para bajar la cabeza.

22 Baja un poco más la cabeza para que luzca más grande y aterradora. ¡Haz creado al rey de los dinosaurios!

20 Haz un doblez de montaña y luego uno de valle en la pierna para hacer un pliegue escalonado.

21 Desdobla el doblez de valle. Haz un doblez hacia dentro invertido para crear la pata. Repite del otro lado.